FÜR DAS CLEVERSTE MÄDCHEN DER WELT

150 spannende, VERRÜCKTE und witzige **QUIZFRAGEN**

VORWORT

WAS DICH HIER ERWARTET

In Alaska ist es verboten, Elche aus dem Flugzeug zu schubsen. Das ist ein Gesetz. Wahrscheinlich wusstest du das nicht. Vielleicht weißt du aber, was ein Pony ist.

In diesem Quizbuch findest du einfache und schwierigere Fragen zu ganz unterschiedlichen Themen: zu Tieren, zum Umweltschutz, zu Mode, zu merkwürdigen Beauty-Behandlungen, zu Sport, zum Internet, zur Politik, zu Heldinnen aus Büchern oder zu Stars und anderen berühmten Persönlichkeiten.

Sicher kennst du dich in einigen Bereichen besser aus als in anderen. Manche Fragen kannst du bestimmt beantworten, weil du die Antwort kennst. Andere lassen sich mit ein bisschen Knobeln lösen. Im Zweifel: Keine Bange, rate einfach drauflos! Achtung, fertig, losquizzen!

SO FUNKTIONIERT DER WISSENSCHECK:

Umkreise die Antwort, die du für wahr hältst. Auf der jeweiligen Rückseite kannst du nachsehen, ob du richtig liegst. Für jede richtige Antwort gibt es einen Punkt. Zum Schluss haben wir auf S. 155 für dich noch ein Rätsel, mit dem du dir zehn Sonderpunkte verdienen kannst. Zähle alle Punkte zusammen und errechne deine Gesamtpunktzahl. Deinen entsprechenden Quizheldinnen-Level kannst auf auf S. 156 erfahren.

QUIZSUPERHELDIN – YES, YOU CAN ...

Du findest in diesem Quizbuch viele Fragen zu berühmten Frauen und Mädchen. Frauen und Mädchen hatten es häufig schwerer als Männer und Jungen, ihren eigenen Weg zu gehen. Aber zu allen Zeiten haben es einige gewagt. Sie haben gezeigt, dass Mädchen und Frauen alles machen können, was sie wollen: als Astronautin ins Weltall fliegen, ein Land regieren oder als Spionin arbeiten. Über viele mutige Frauen wirst du durch die Fragen in diesem Quizbuch mehr erfahren. Nun wage du deine ersten Schritte zur Quizsuperheldin!

Wir wünschen dir viel Spaß beim Rätseln!

LOS GEHT'S!

FRAGE 1

BEI WELCHEN TIEREN TRAGEN DIE MÄNNCHEN DIE EIER DER WEIBCHEN, BIS AUS IHNEN DIE JUNGEN SCHLÜPFEN?

A Bei den Seegurken
B Bei den Seepferdchen
C Bei den Seeelefanten
D Bei den Pandas

FRAGE 2

MANCHE PFLANZEN HABEN MERKWÜRDIGE NAMEN. WELCHE GIBT ES NICHT?

A Fledermausblume
B Kängurupfote
C Krokodilzahn
D Frauenschuh

ANTWORT 1

Richtige Antwort: B

Seepferdchen gehören zu den Fischen. Wie bei anderen Fischen schlüpfen ihre Jungen aus Eiern. Bei den Seepferdchen brütet allerdings der Vater die Eier aus. Das weibliche Seepferdchen spritzt sie in seine Bauchtasche. Darin sind sie gut geschützt vor Feinden. Erst nach vielen Tagen oder Wochen schlüpfen die Tierkinder: Sie verlassen sofort die schützende Bauchtasche und schwimmen davon. Seepferdchen sind auf der ganzen Welt verbreitet, sogar in der Nordsee. Trotzdem sind sie vom Aussterben bedroht, denn sie werden rücksichtslos gejagt und zum Beispiel als Souvenirs verkauft.

ANTWORT 2

Richtige Antwort: C

Die Fledermausblume und die Kängurupfote verdanken ihre Namen der Form ihrer Blüten. Die Kängurupfote wächst in Australien. Die Fledermausblume in Südostasien. Der Frauenschuh ist eine Orchidee, die auch in Europa zu Hause ist. Wegen ihrer Schönheit wird die Blume oft ausgegraben oder abgepflückt. Auch deshalb wachsen viel weniger Frauenschuhe als früher. Inzwischen ist der Frauenschuh sogar in Gefahr und steht deshalb in allen europäischen Ländern unter Naturschutz. Er darf zum Beispiel weder gepflückt noch ausgegraben werden. Eine Pflanze namens Krokodilzahn gibt es nicht.

FRAGE 3

VON WEM STAMMT DER SATZ: „ES WIRD NOCH VIELE JAHRE DAUERN – UND ICH WERDE ES NICHT MEHR ERLEBEN – BIS EINE FRAU BRITISCHER PREMIERMINISTER WIRD"?

A Margaret Thatcher, britische Premierministerin

B Queen Elisabeth II, Königin von Großbritannien

C Diana, Princess of Wales

D Amy Winehouse, britische Sängerin und Songschreiberin

FRAGE 4

WAS BEDEUTET DEMOKRATIE?

A Herrschaft der Besten

B Herrschaft der Politiker

C Herrschaft des Volkes

D Herrschaft der Kinder

ANTWORT 3

Richtige Antwort: A

Am 3. Mai 1979 wurde Margaret Thatcher zur Premierministerin gewählt. Zum ersten Mal war damit eine Frau Regierungschefin von Großbritannien. Schon früh wollte Margaret in die Politik. Aber zuerst sah es so aus, als würde das ein Traum bleiben: Zweimal stand sie als Politikerin zur Wahl für das britische Parlament, zweimal wurde sie nicht gewählt. Doch Margaret gab nicht auf. Jahre später klappte es dann. Bis sie schließlich Regierungschefin wurde, dauerte es noch mal viel Jahre. Immer wieder eckte Margaret an, weil sie ihre Meinung vertrat und nicht nachgab. Das brachte ihr den Spitznamen „Eiserne Lady" ein.

ANTWORT 4

Richtige Antwort: C

„Demos" ist griechisch und bedeutet „Volk". Demokratie bedeutet also „Herrschaft des Volkes". In einer Demokratie wie Deutschland sollen alle darüber mitbestimmen dürfen, was in ihrem Land passiert, ob also zum Beispiel neue Schulen gebaut werden oder nicht. Da nicht bei jeder Entscheidung alle Menschen eines Landes nach ihrer Meinung gefragt werden können, gibt es Wahlen. Jeder Erwachsene wählt dann die Politiker, die am ehesten für das kämpfen, was ihm wichtig ist. Für Umweltschutz zum Beispiel.

FRAGE 5

DER NOBELPREIS IST EINER DER BERÜHMTESTEN PREISE DER WELT. ER WIRD IN VERSCHIEDENEN BEREICHEN VERLIEHEN. FÜR WELCHEN BEREICH GIBT ES KEINEN NOBELPREIS?

A Mode
B Chemie
~~**C**~~ Frieden
D Literatur

FRAGE 6

WIE UNGERECHT – NUR WENIGE FRAUEN ERHIELTEN BISHER DEN BERÜHMTEN NOBELPREIS. MARIE CURIE WAR DIE ERSTE, DIE MIT IHM AUSGEZEICHNET WURDE. IN WELCHEM BEREICH?

A Literatur
~~**B**~~ Medizin
C Physik
D Frieden

ANTWORT 5

Richtige Antwort: A

Die Nobelpreise gibt es seit 1901 dank des Erfinders Alfred Nobel. Der Chemiker hat den Sprengstoff Dynamit erfunden. Durch die Erfindung ist er sehr reich geworden. Mit Dynamit konnten zum ersten Mal Löcher in den Fels gesprengt und so viel leichter Tunnel gebaut werden. Aber es wurde auch im Krieg verwendet, um Menschen zu töten. Vielleicht machte Alfred Nobel das zu schaffen und er wollte etwas Gutes tun. Jedenfalls sollten mit dem Geld nach seinem Tod jedes Jahr diejenigen ausgezeichnet werden, die im vergangenen Jahr „der Menschheit den größten Nutzen erbracht haben". Jeder Nobelpreisträger erhält ein Preisgeld von gut einer Million Euro.

ANTWORT 6

Richtige Antwort: C

Marie Curie erhielt sogar zweimal den Nobelpreis: einmal 1903 in Physik und das zweite Mal 1911 in Chemie. Sie erforschte das Element Uran, das in Mineralien steckt. Uran zerfällt im Lauf der Zeit. Dabei sendet es Strahlen aus, es ist radioaktiv. Mit den Strahlen können Krankheiten geheilt werden, sie sind aber gleichzeitig sehr gefährlich. Das wusste Marie Curie damals nicht. Deshalb schützte sie sich nicht vor der Strahlung und wurde krank. Marie Curie entdeckte bei ihrer Forschung auch zwei neue radioaktive Elemente: Radium und Polonium.

FRAGE 7

WOFÜR KÄMPFT DER TEENAGER GRETA THUNBERG?

A Für Klimaschutz
B Gegen Schule
C Für Tierschutz
D Für Gleichberechtigung

FRAGE 8

WAS HAT VOR DER ASTRONAUTIN SAMANTHA CRISTOFORETTI NOCH KEIN MENSCH IM WELTALL GEMACHT?

A Getanzt
B Geboxt
C Eis gegessen
D Kaffee getrunken

?

ANTWORT 7

Richtige Antwort: A

Im Jahr 2018 begann die 16-jährige Greta Thunberg, für mehr Klimaschutz zu protestieren: Jeden Freitag um acht Uhr stellte sie sich mit einem Plakat vor das schwedische Parlament. Auf dem Plakat stand „Schulstreik für das Klima". Das erregte Aufmerksamkeit. Inzwischen ist aus ihrer Aktion eine weltweite Bewegung geworden: Bei den "Fridays for Future"-Demonstrationen fordern Schüler in vielen Ländern der Erde Woche für Woche mehr Klimaschutz. Greta Thunberg wurde für den Friedensnobelpreis nominiert.

ANTWORT 8

Richtige Antwort: D

Samantha Cristoforetti ist Ingenieurin. Sie kennt sich also mit Technik sehr gut aus. Nach ihrem Studium ließ sie sich als Pilotin ausbilden und bewarb sich bei der ESA, der europäischen Raumfahrtagentur, denn sie wollte ins All fliegen. Das wollten allerdings viele andere auch: Über achttausend Menschen bewarben sich, nur sechs wurden ausgewählt. Eine von ihnen war Samatha. Im Weltraum untersuchte sie zum Beispiel, wie der Körper auf Schwerelosigkeit reagiert. Und sie kochte Kaffee – als erster Mensch im All.

FRAGE 9

WER TÖTETE IN DEN GRIECHISCHEN MYTHEN DURCH GESANG?

A Medusa
B Die Sirenen
C Aphrodite
D Lady Gaga

FRAGE 10

WELCHE HEXE LEBT IN EINER HÜTTE AUF HÜHNERBEINEN?

A Die böse Hexe aus „Hänsel und Gretel"
B Baba Jaga
C Hermine Granger aus „Harry Potter"
D Dolores Umbridge aus „Harry Potter"

ANTWORT 9

Richtige Antwort: B

Die griechischen Mythen sind Tausende Jahre alt. Die Sirenen waren in diesen Geschichten weibliche Fabelwesen mit einem Fischschwanz oder einem Vogelkörper. Sie lockten Seefahrer an, um sie zu töten. Kein Mensch konnte ihrem Gesang widerstehen: Wer ihn hörte, wollte um alles in der Welt zu den Sirenen. Der Seefahrer Odysseus war neugierig und dachte sich deshalb eine List aus: Er bat die Matrosen, ihn an den Mast zu fesseln und nicht zu befreien, bevor sein Schiff nicht an den Sirenen vorbeigesegelt war. Die Matrosen verstopften sich die Ohren mit Wachs. So konnte Odysseus dem Sirenen-Gesang zuhören, während die Matrosen mit den verstopften Ohren in aller Ruhe an ihnen vorbeisegelten.

ANTWORT 10

Richtige Antwort: B

Die Hexe Baba Jaga kommt in Märchen aus Osteuropa und Russland vor. Wie die Hexe in „Hänsel und Gretel" verspeist auch Baba Jaga gern Kinder. Die böse Hexe lebt in einer Hütte auf Hühnerbeinen mitten im Wald. Die Hütte scheint auf den ersten Blick keine Tür zu haben. Wer hinein will, muss häufig einen Zauberspruch sagen. Baba Jaga reitet nicht auf einem Besen, sondern fliegt in einem Mörser durch die Luft wie in einem Eimer. Einen Besen hat sie trotzdem. Damit verwischt sie ihre Spuren.

FRAGE 11

WAS IST CYBER-MOBBING?

A Mobbing im Weltraum
B Mobbing im Internet
C Mobbing von Aliens
D Mobbing im Raumschiff

FRAGE 12

WER MACHTE DAS @-ZEICHEN BERÜHMT?

A Mark Zuckerberg
B Bill Gates
C Albert Einstein
D Ray Tomlinson

ANTWORT 11

Richtige Antwort: B

Cyber-Mobbing ist Mobbing im Internet und per Handy. Das Mobbing funktioniert ähnlich wie auf dem Schulhof: Jemand will einen anderen verletzten und postet deshalb zum Beispiel ein fieses Foto. Wenn dich jemand mobbt, schick kein fieses Bild zurück aus Rache, sondern sprich mit deinen Eltern oder einem anderen Erwachsenen darüber, dem du vertraust. Dann schreibt ihr zusammen genau auf, was passiert ist, und sammelt Beweise. Damit könnt ihr zu einer Beratungsstelle gehen. Adressen findet ihr zum Beispiel unter www.klicksafe.de

ANTWORT 12

Richtige Antwort: D

Ray Tomlinson hat 1971 die E-Mail erfunden. Wie Nachrichten an andere verschickt werden konnten, entdeckte der Informatiker, als er an einer Funktion namens „Mailbox" herumspielte. Mit der Funktion konnte er Kollegen Nachrichten hinterlassen, die nach ihm den Computer benutzten. Beim Rumprobieren landete mit einem Mal eine Nachricht auf dem Computer eines Kollegen. Das @-Zeichen gab es schon, aber es kam in keinem Alphabet der Welt vor. Deshalb entschied sich Tomlinson für dieses Zeichen, um die beiden Teile einer E-Mail-Adresse voneinander abzugrenzen.

FRAGE 13

MANCHE HOBBYS SIND ZIEMLICH UNGEWÖHNLICH. WELCHES HOBBY GIBT ES NICHT?

A In einer aufblasbaren Kugel einen Abhang runterrollen

B Unterwasser-Hockey

C Bügeln auf einem Berggipfel

D Tauchen mit Krokodil

FRAGE 14

AUCH MANCHE WELTMEISTERSCHAFT IST ZIEMLICH VERRÜCKT. WELCHE WM GIBT ES NICHT?

A WM Sandburgenbauen

B WM Sumpfschnorcheln

C WM Zehenhakeln

D WM Vulkanspringen

ANTWORT 13

Richtige Antwort: D
Mit einem Krokodil zu tauchen ist kein Hobby, denn das ist den meisten Menschen doch zu gefährlich. Die drei anderen Sportarten aber gibt es. Sich in einer riesigen durchsichtigen Plastikkugel einen Berg runterrollen zu lassen, heißt „Zorbing". Unterwasser-Hockey wird mit Taucherbrille, Schnorchel und Flossen gespielt. Und die Extrembügler bügeln längst nicht nur auf Berggipfeln, sondern auch zum Beispiel in Bäumen, im Wasser und sogar auf dem Fahrrad.

ANTWORT 14

Richtige Antwort: D
Eine Weltmeisterschaft im Vulkanspringen gibt es nicht. Weltmeister im Sumpfschnorcheln dagegen schon. Die Sumpfschnorchler ziehen sich die Taucherbrille über – und hinein geht's in den Matsch. Das Zehenhakeln ist eine Art Armdrücken, nur halt mit Zehen. Bei der WM im Sandburgenbauen entstehen riesige Kunstwerke aus nichts als Sand. Gebaut werden übrigens längst nicht nur Burgen, sondern zum Beispiel auch Eisbären oder Riesenschnecken.

FRAGE 15

WAS MACHEN ALLE TEILNEHMER EINES BERÜHMTEN FESTS IN SÜDKOREA?

A Sie kitzeln sich an den Füßen.
B Sie wälzen sich im Schlamm.
C Sie essen um die Wette.
D Sie gehen und tanzen rückwärts.

FRAGE 16

WOMIT BEWERFEN SICH DIE FEIERNDEN BEI EINEM BERÜHMTEN FEST IN SPANIEN?

A Mit Matsch
B Mit Tomaten
C Mit Wasserbomben
D Mit Sonnencreme

ANTWORT 15

Richtige Antwort: B

In Südkorea treffen sich jedes Jahr Hunderte Menschen an einem weiten Sandstrand und feiern im Schlamm. Sie wälzen sich darin, ringen miteinander im Schlamm und sausen Schlammrutschen hinunter. Der Schlamm soll auch gut für die Haut sein. Aus ihm werden zum Beispiel Schlammseifen hergestellt.

ANTWORT 16

Richtige Antwort: B

Im Städtchen Buñol bewerfen sich jedes Jahr Ende August Tausende Menschen mit matschigen Tomaten. Bei der größten Tomatenschlacht der Welt sausen rund 160 Tonnen Tomaten durch die Luft, das sind 16 Lkw randvoll mit Tomaten. Zur Ausrüstung gehört bei so viel matschigem Gemüse auch eine Taucherbrille. Die „La Tomatina" beginnt um 11 Uhr und es gibt nur zwei Regeln: Vorher darf niemand anfangen, und die Tomaten müssen vor dem Werfen zerquetscht werden.

FRAGE 17

DIE LÄNGSTEN HAARE DER WELT HAT 2019 LAUT GUINNESS-BUCH DER REKORDE DIE CHINESIN XIE QIUPING. WIE LANG SIND IHRE HAARE?

A 5,627 Meter
B 3,4 Meter
C 10 Meter
D 100 Meter

FRAGE 18

IM 18. JAHRHUNDERT WAREN POMPADOUR-FRISUREN MODERN. WAS BEFESTIGTEN FRAUEN DAMALS IN IHREN HAAREN?

A Kronen
B Modellboote
C Süßigkeiten
D Lichterketten

ANTWORT 17

Richtige Antwort: A

Xie Qiuping hat mit 13 Jahren beschlossen, ihre Haare nicht mehr schneiden zu lassen. Das hat sie sehr lang durchgehalten, inzwischen ist sie schon rund 60 Jahre alt. Wenn sie vorn in ein Auto steigt, reichen ihre Haare locker bis zum Kofferraum. 2004 wurde der Rekord ins Guinness-Buch der Rekorde aufgenommen. In diesem Buch stehen auch noch ein paar andere Haar-Rekorde: das längste Ohrhaar zum Beispiel. 2010 war das laut Guinness-Buch der Rekorde 27,9 Zentimeter lang, also fast so lang wie ein Lineal. Stolzer Besitzer ist der Inder Radha Kant Bajpai.

ANTWORT 18

Richtige Antwort: B

Damals fanden adelige Damen mit Bändern und Federn verzierte Haartürme schick: Um die Haarpracht in die Höhe wachsen zu lassen, befestigten ihre Frisöre sogar Drahtkörbe im Haar, in Form eines Schiffs mit mehreren Segeln zum Beispiel. Die Haare wurden dann in einer kunstvollen Frisur um das Schlachtschiff gelegt. Gewaschen wurden die Haare übrigens nicht, denn Wasser galt als schädlich. Flöhe, Milben und Läuse fühlten sich also sehr wohl in den prächtigen Frisuren.

FRAGE 19

WELCHE REDEWENDUNG GIBT ES WIRKLICH?

A Fit wie ein Turnschuh sein
B Mutig wie ein Cowboystiefel sein
C Faul wie ein Pantoffel sein
D Nass wie ein Gummistiefel sein

FRAGE 20

VIELE TOURISTEN BESUCHEN DIE STADT ROTORUA AUF NEUSEELAND. WONACH RIECHT ES HIER?

A Nach verfaulten Eiern
B Nach Blumen
C Nach Stinkekäse
D Nach Kiwis

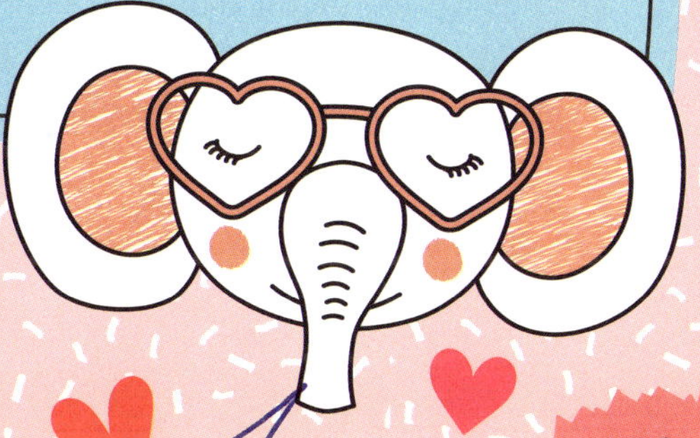

ANTWORT 19

Richtige Antwort: A

Eigentlich ziemlich klar, wie die Redewendung „Fit wie ein Turnschuh sein" entstanden ist, immerhin trägt man Turnschuhe beim Sport. Und wer viel Sport treibt, bleibt trainiert, also fit. Im Englischen gibt es einen ähnlichen Spruch. Übersetzt lautet er „fit wie eine Violine sein". Die Redewendung ist schon ziemlich alt und hatte zuerst wohl einen ganz anderen Sinn: Im Englischen bedeutete „fit" früher nämlich gar nicht „trainiert", sondern „passend" oder „geeignet".

ANTWORT 20

Richtige Antwort: A

Was da in Rotorua nach faulen Eiern stinkt, ist Schwefel. Der kommt aus der Erde, denn die Stadt ist auf einem Vulkan gebaut. Dicht unter der Erdoberfläche brodelt heißes Magma. Deshalb gibt es in Rotorua neben dem stinkenden Dampf auch blubbernde heiße Schlammbecken und Geysire, aus denen mehrmals Wasser viele Meter hoch in den Himmel schießt.

FRAGE 21

WANN STECHEN WESPEN?

A Wenn sie hungrig sind

B Wenn du das essen willst, was sie sich ausgesucht haben

C Wenn ihnen langweilig ist

D Wenn sie sich bedroht fühlen

FRAGE 22

IN WELCHEN BEIDEN LÄNDERN DÜRFEN FRAUEN BIS HEUTE NICHT WÄHLEN?

A In Brunei und in Vatikanstadt

B Natürlich dürfen Frauen überall auf der Welt wählen.

C In den USA und Afghanistan

D In Schweden und Dänemark

ANTWORT 21

Richtige Antwort: D

Zunächst einmal können nicht alle Bienen, Hummeln und Wespen stechen, sondern nur einige Weibchen. Und auch diese Weibchen stechen nur, um sich oder ihren Nachwuchs zu verteidigen. Deshalb solltest du beispielsweise ihrem Nest nicht zu nahe kommen.

ANTWORT 22

Richtige Antwort: A

Brunei ist ein winziges Land auf der südostasiatischen Insel Borneo. Über das Land herrscht ein Sultan. Er bestimmt fast alles. Das Parlament hat fast nichts zu sagen. Außer dem Sultan kann hier also eigentlich niemand über die Politik des Landes bestimmen. Vatikanstadt liegt mitten in Rom und ist das kleinste Land der Welt. Sein Oberhaupt ist der Papst. Der Papst wird von den Kardinälen gewählt, und Frauen dürfen leider nicht Kardinal werden. In vielen Ländern der Welt können Frauen zwar wählen, gleichberechtigt sind sie aber deshalb oft noch lange nicht.

FRAGE 23

IN VIELEN EUROPÄISCHEN LÄNDERN DURFTEN FRAUEN VOR 100 JAHREN NOCH NICHT WÄHLEN. WELCHES DER FOLGENDEN LÄNDER FÜHRTE DAS FRAUENWAHLRECHT ZULETZT EIN?

A Die Schweiz
B Liechtenstein
C Finnland
D Deutschland

FRAGE 24

WARUM GIBT ES IMMER WENIGER BIENEN?

A Weil sie zu stark gejagt werden
B Weil sie nicht genug Nahrung finden und vergiftet werden
C Weil zu viel Bienenstich gegessen wird
D Weil es auf der Erde immer wärmer wird

ANTWORT 23

Richtige Antwort: B

In Liechtenstein dürfen Frauen erst seit 1984 mitentscheiden, wer ihr Land regiert. Die Einführung des Frauenwahlrechts hat so lange gedauert, weil die Männer des Landes darüber abstimmten – und sich zweimal hintereinander nicht dazu durchringen konnten, die Frauen mitbestimmen zu lassen. Danach reichte es einigen Liechtensteinerinnen: Sie beschwerten sich 1973 vor dem Europarat darüber. Bei der dritten Abstimmung im Jahr 1984 waren dann immerhin knapp mehr als die Hälfte der Männer in Liechtenstein für das Wahlrecht der Frauen. Seitdem dürfen auch Frauen in Liechtenstein wählen und gewählt werden.

ANTWORT 24

Richtige Antwort: B

Bienen trinken süßen Blütensaft, den Nektar, und sie sammeln Pollen. Damit füttern sie ihren Nachwuchs. Inzwischen gibt es aber viel weniger Blumen als früher, denn der Mensch nutzt den Raum für sich selbst: für neue Häuser oder Straßen zum Beispiel, aber auch für Felder. Die Felder bieten nicht nur keine Nahrung für die Bienen, sie können sogar zur tödlichen Falle werden. Landwirte besprühen ihre Pflanzen zum Teil nämlich mit Pflanzengift, damit Raupen und andere Insekten sie nicht fressen. Durch dieses Gift können Bienen sterben.

FRAGE 25

WELCHE ENGLISCHE ADELIGE FREUNDETE SICH MIT DER PIRATIN GRACE O'MALLEY AN?

A Queen Elisabeth II.

B Queen Elisabeth I.

C Herzogin Kate

D Herzogin Meghan

FRAGE 26

KLEOPATRA WAR EINE KLUGE ÄGYPTISCHE KÖNIGIN ZUR ZEIT DER ANTIKE. MIT WELCHEM TRICK GELANGTE SIE IN DIE GEMÄCHER DES RÖMISCHEN KAISERS CÄSAR?

A Sie verkleidete sich als Diener.

B Sie ließ sich eingerollt in einen Teppich in den Palast tragen.

C Sie lehnte eine Leiter an die Palastmauern und kletterte zu Cäsars Balkon hinauf.

D Sie versteckte sich in einem Holzpferd, das als Geschenk für Cäsar vor die Mauern des Palastes gerollt wurde.

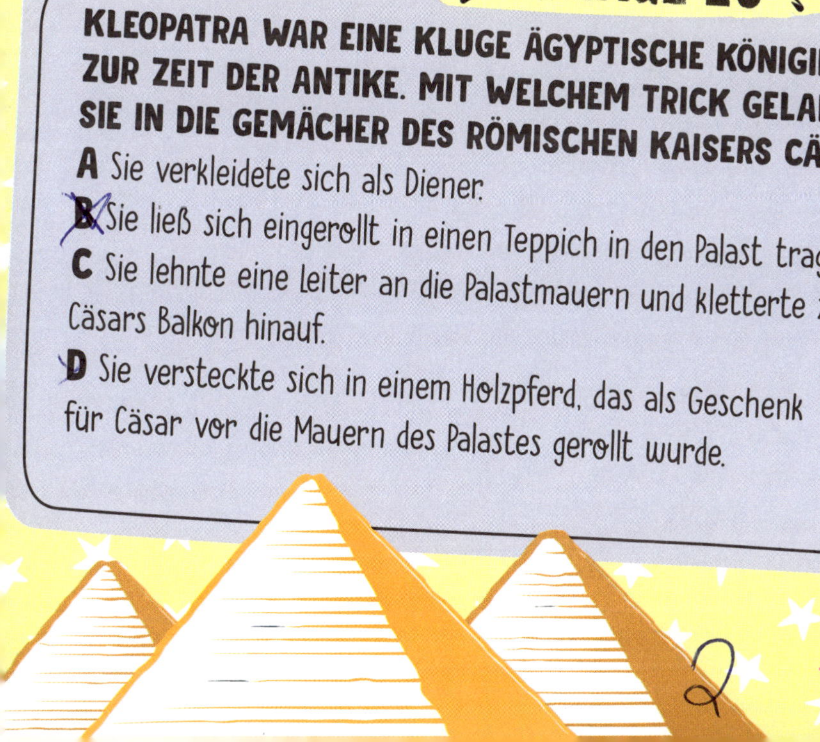

ANTWORT 25

Richtige Antwort: B

Grace O'Malley war eine mächtige irische Piratin. Sie kommandierte nicht nur eine ganze Flotte Piratenschiffe, ihr gehörten auch mehrere Inseln und Burgen. Englands Königin Elisabeth I. war sie ein Dorn im Auge. Die Königin versprach, denjenigen zu belohnen, der die Piratin besiegte. Als die beiden Söhne von Grace O'Malley in englische Gefangenschaft gerieten, traf sich die Piratin trotz der Gefahr mit Elisabeth I., um die Freilassung ihrer Söhne zu erreichen. Bei dem Treffen passierte etwas, mit dem wohl niemand gerechnet hatte: Die beiden Frauen freundeten sich an. Die Söhne von Grace O'Malley kamen frei.

ANTWORT 26

Richtige Antwort: B

Kleopatra sollte zusammen mit ihrem Bruder Ptolemaios XIII. über Ägypten herrschen. Da die Geschwister das Land aber ganz unterschiedlich regieren wollten, stritten sie sich. Schließlich verbannte Ptolemaios XIII. seine Schwester Kleopatra aus Ägypten. Als Cäsar, Herrscher über das benachbarte Römische Reich, Ägypten besuchte, erkannte Kleopatra ihre Chance: Sie wollte mit Cäsar sprechen und ihn davon überzeugen, dass sie die bessere Herrscherin sei. Heimlich reiste sie zum Palast. Dort ließ sie sich in einen Teppich einrollen und von ihren Dienern in Cäsars Gemächer tragen. Cäsar bewunderte Kleopatra für ihren Mut. Er unterstützte sie – und so wurde Kleopatra wieder Pharaonin.

FRAGE 27

DAS MÄDCHEN MALALA HAT ALS JÜNGSTER MENSCH DEN FRIEDENSNOBELPREIS BEKOMMEN. WOFÜR?

A Weil sie für Umweltschutz gekämpft hat

B Weil sie es immer wieder schafft, sich mit ihren Geschwistern zu vertragen

C Weil sie für das Recht aller Kinder auf Bildung gekämpft hat

D Weil sie sich gegen die brutalen Taliban gewehrt hat

FRAGE 28

BEYONCÉ GEHÖRT ZU DEN BERÜHMTESTEN POPSTARS DER WELT. WIE ALT WAR SIE, ALS SIE IHRE ERSTE BAND GEGRÜNDET HAT, DESTINY`S CHILD?

A Fünfzehn Jahre

B Neun Jahre

C Das weiß niemand so genau.

D Achtzehn Jahre

ANTWORT 27

Richtige Antwort: C

Malala Yousafzai wuchs in einem Tal in Pakistan auf. Als sie zehn Jahre alt war, übernahm dort die Gruppe der Taliban die Macht. Die Taliban unterdrückten die Menschen und sprengten Schulen in die Luft. Ab acht Jahren sollten Mädchen nicht mehr zur Schule gehen. Malala schrieb über all das Unrecht im Internet. Das passte den Taliban überhaupt nicht. Sie wollten Malala zum Schweigen bringen. Deshalb überfielen Taliban-Kämpfer 2012 einen Bus, in dem Malala saß, und einer verletzte sie schwer. Sie wurde nach Großbritannien geflogen und dort im Krankenhaus behandelt. Sie überlebte. Seit sie wieder gesund ist, kämpft sie weiter für die Rechte von Kindern.

ANTWORT 28

Richtige Antwort: B

Zusammen mit ihren Schulfreundinnen gründete Beyoncé ihre erste Band. Damals war sie gerade neun Jahre alt. Seit 2003 singt sie allein. Inzwischen gehört sie zu den erfolgreichsten Künstlerinnen der Welt – und zu den reichsten Musikerinnen, allein im Jahr 2014 verdiente sie über 100 Millionen Euro. Beyoncé singt über die Liebe, klar, aber sie singt auch über den Wunsch nach Gleichberechtigung. Mit ihren Songs will sie besonders schwarze Frauen stärken, damit sie stolz auf sich sind.

FRAGE 29

GÖTTERCHEF ZEUS WAR ZIEMLICH SAUER, ALS ER DIE ERSTE FRAU SCHUF. WER WAR SIE?

A Eva
B Pandora
C Heidi Klum
D Hera

FRAGE 30

WELCHE HELDIN IST UNSTERBLICH IN EINEN VAMPIR VERLIEBT?

A Bella Swan
B Wonder Woman
C Gwendolyn Shepherd
D Hermine Granger

ANTWORT 29

Richtige Antwort: B

In der griechischen Mythologie ließ Zeus Pandora aus Lehm erschaffen, als er gerade sehr wütend war. Er ärgerte sich schrecklich über den Gott Prometheus. Der hatte den Menschen nämlich das Feuer gebracht, obwohl Zeus das verboten hatte. Vor lauter Wut darüber wollte Zeus den Menschen schaden. Deshalb gab er der wunderschönen Pandora eine Büchse als Geschenk für die Menschen und verbot, sie zu öffnen. Pandora war neugierig. Eines Tages hielt sie es nicht mehr aus und öffnete die Büchse trotzdem. Heraus kamen schreckliche Krankheiten und alles Schlechte der Welt.

ANTWORT 30

Richtige Antwort: A

Bella Swan ist die Heldin in den Vampir-Romanen von Stephenie Meyer. Die 17-Jährige verliebt sich im ersten Band in den gutaussehenden Edward, und Edward verliebt sich auch in sie. Dummerweise ist Edward aber ein Vampir. Selbst das ist nicht so schlimm, denn Edward ist Vegetarier und trinkt deshalb nur das Blut von Tieren. Die Familie von Edward möchte aber, dass Bella auch ein Vampir wird. Außerdem finden andere Vampire Bellas Blut schon sehr lecker und sind hinter ihr her. Deshalb muss Bella ständig gerettet werden. Die romantische Vampirgeschichte ist äußerst erfolgreich: Sie wurde schon über eine Millionen Mal verkauft.

FRAGE 31

WIE PINKELN ASTRONAUTEN IM WELTRAUM?

A Gar nicht. Sie fliegen dafür zurück zur Erde.

B Genauso wie auf der Erde.

C Sie setzen sich auf einen Sauger.

D Sie pinkeln einfach in ihren Raumanzug.

FRAGE 32

WANN IST EIN PASSWORT SUPERSICHER?

A Wenn es nur etwas mit mir zu tun hat, also zum Beispiel aus meinem Namen besteht.

B Wenn es aus Zahlen und Buchstaben besteht.

C Wenn es nur aus Sonderzeichen besteht.

D Wenn es aus Zeichen und Zahlen besteht und überhaupt keinen Sinn ergibt.

ANTWORT 31

Richtige Antwort: C

Die internationale Raumstation, die ISS, ist ein Forschungslabor im Weltraum. Etwa 400 Kilometer über der Erde forschen Wissenschaftler aus unterschiedlichen Ländern. Auf der ISS gibt es Weltraum-Toiletten. Die Astronauten schnallen sich darauf an, damit sie nicht wegfliegen. Das Pipi wird dann in die Toilette gesaugt. Das muss sein, da es sonst wegen der Schwerelosigkeit einfach durch die Gegend fliegen würde.

ANTWORT 32

Richtige Antwort: B

Ein Passwort ist wie ein Schlüssel zu deiner Haustür. Damit niemand dein Passwort benutzen kann, sollte es aus Groß- und Kleinbuchstaben, aus Zahlen und Sonderzeichen bestehen – und es sollte keinen Sinn ergeben. Damit du dir so ein Passwort trotzdem merken kannst, gibt es einen Trick: Überlege dir einen Satz mit Zahlen und Buchstaben, zum Beispiel: „Heute habe ich 456 Schoko-Muffins gegessen!" Dein Passwort setzt du danach aus den ersten Buchstaben der Wörter zusammen. Aus dem Muffin-Satz würde dann zum Beispiel das Passwort: „Hhi456SMg!"

FRAGE 33

IN EINEM BERÜHMTEN TENNISMATCH BESIEGTE DIE TENNISSPIELERIN BILLIE JEAN KING DEN TENNISSPIELER BOBBY RIGGS. WAS HATTE BOBBY RIGGS ZUVOR GESAGT?

A Der Bessere soll gewinnen.

B Ich liebe dich.

C Frauen gehören in die Küche, nicht auf den Tennisplatz.

D Hals- und Beinbruch!

FRAGE 34

IN WELCHER NACHT TREFFEN SICH ANGEBLICH HEXEN AUF EINEM BERG?

A An Weihnachten

B An Halloween

C In der Walpurgisnacht

D In der Silvesternacht

ANTWORT 33

Richtige Antwort: C

Bobby Riggs war überzeugt, dass Frauen weniger wert sind als Männer und deshalb auch schlechter Tennis spielen. Billie Jean King wollte beweisen, was das für ein Quatsch ist. Und so standen sich die beiden am 20. September 1973 im Stadion gegenüber. Mehr als 30.000 Menschen waren gekommen, um sich das Tennis-Match anzusehen. Rund 50 Millionen verfolgten es im Fernsehen. Billie Jean gewann den Wettkampf eindeutig: Sie besiegte Bobby Riggs in jedem einzelnen der drei Spiele.

ANTWORT 34

Richtige Antwort: C

Die Walpurgisnacht ist die Nacht vom 30. April auf den 1. Mai. In manchen Regionen ist es Brauch, sich am 30. April als Hexen zu verkleiden. Nach einer alten Legende sollen sich nämlich in der Walpurgisnacht Hexen auf dem Brocken treffen (das ist der höchste Berg im Harz, einem Mittelgebirge im Norden Deutschlands). In anderen Regionen werden in der Nacht große Feuer angezündet, um den Frühling zu begrüßen.

FRAGE 35

WAS IST EIN MARATHON?

A Ein Wettrennen über eine Strecke von rund 42 Kilometern

B Eine Kampfsportart

C Ein Radrennen durch Griechenland

D Ein Wettrennen über eine Strecke von 100 Metern

FRAGE 36

WIE BEGRÜSSEN SICH DIE MENSCHEN IM SÜDEN AFRIKAS?

A Sie strecken die Zunge raus.

B Sie reiben ihre Nasen aneinander.

C Mit einem Handkuss

D Mit Applaus

ANTWORT 35

Richtige Antwort: A

Ein Marathon ist ein Wettlauf über 42 Kilometer und 195 Meter. Das ist eine ziemlich lange Strecke – etwa 105 Runden in den meisten Stadien. 2018 hat Eliud Kipchoge dafür nur zwei Stunden und eine Minute gebraucht. Ein Weltrekord! Marathon heißt der Wettlauf, weil vor rund 2.500 Jahren ein griechischer Bote von der Stadt Marathon bis ins etwa 40 Kilometer entfernte Athen gelaufen sein soll. Die Griechen hatten damals nämlich in Marathon die Perser besiegt, und das sollten die Athener schnell erfahren.

ANTWORT 36

Richtige Antwort: D

Winken, Händeschütteln oder eben Applaus – Menschen begrüßen sich ganz unterschiedlich. In Österreich haucht der Mann der Frau einen Handkuss auf die Hand (die darf er aber nicht berühren), in Frankreich küssen sich die Menschen auf die Wangen, und in manchen Gegenden Afrikas klatschen sie zur Begrüßung in die Hände. Wie oft geklatscht wird, kann jeder selbst entscheiden.

FRAGE 37

WAS SCHADET DEINEN HAAREN?

A Heißes Föhnen
B Regelmäßiges Waschen
C langes Bürsten
D Kaltes Wasser

FRAGE 38

WARUM FIELEN FRAUEN IM 19. JAHRHUNDERT BESONDERS OFT IN OHNMACHT?

A Wegen der schrecklichen Männermode
B Weil sie in den Korsetts, die sie unter ihren Kleidern trugen, kaum Luft bekamen.
C Weil sie sich ständig gruselige Schauergeschichten erzählten
D Weil Erschrecken damals ein beliebter Sport war

ANTWORT 37

Richtige Antwort: A

Zu heißes Föhnen ist nicht gut für die Haare. Am besten hältst du den Föhn also ein Stück entfernt und stellst ihn nicht gleich auf die heißeste Stufe. Auch zu heißes Wasser beim Waschen solltest du lieber vermeiden, denn das lässt die Haare trocken und spröde werden. Am besten wäschst du dein Haar mit lauwarmem Wasser.

ANTWORT 38

Richtige Antwort: B

Im 19. Jahrhundert galten schmale Taillen und ein flacher Bauch als schick, und zwar bei Männern und Frauen. Besonders Frauen, aber auch einige Männer trugen deshalb ein Korsett. Wenn sie das Kleidungsstück sehr eng schnürten, um möglichst dünn zu sein, bekamen sie kaum Luft und fielen häufig in Ohnmacht.

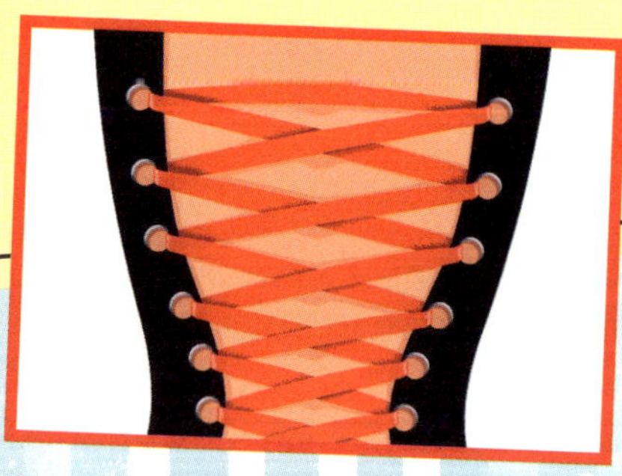

FRAGE 39

WAS IST DER HÖHEPUNKT DES SCHWEINEFESTES IN FRANKREICH?

A Ein Schweine-Wettrennen
B Ein Schönheitswettbewerb der Schweine
C Eine Meisterschaft im Schweinegrunzen
D Ein Festmahl mit Schweinebraten

FRAGE 40

WAS VERKAUFTE DIE DICHTERIN CORA CORALINA ZUSAMMEN MIT IHREN GEDICHTEN?

A Kuchen
B Cola
C Schnapspralinen
D Postkarten

ANTWORT 39

Richtige Antwort: C

Jedes Jahr feiern die Menschen in einem Dorf in Südfrankreich ein Schweinefest. Sie verkleiden sich als Schweine und messen sich in Wettbewerben. Der wichtigste ist der Wettbewerb im Schweinegrunzen. Zu grunzen wie ein Schwein ist gar nicht so leicht, denn ein jammerndes Ferkel klingt zum Beispiel ganz anders als ein Eber, der um eine Sau wirbt. Wer bei dem Wettbewerb am besten alle Schweine-Grunzer nachahmt, hat gewonnen.

ANTWORT 40

Richtige Antwort: A

Cora Coralina verkaufte Kuchen zusammen mit ihren Gedichten, um Geld zu verdienen. Sie war nämlich eine sehr gute Bäckerin und als Dichterin noch nicht bekannt. Mit der Zeit lasen immer mehr Menschen ihre Gedichte, darunter auch andere Dichter und Schriftsteller. Sie gewann viele Preise und im Jahr 1965 erschien schließlich ihr erstes Buch. Damals war sie schon 76 Jahre alt. Bevor sie mit 96 Jahren starb, schrieb sie noch weitere Bücher. Heute gehört sie zu den berühmtesten Dichterinnen Brasiliens.

FRAGE 41

WARUM BRAUCHEN PFLANZEN BIENEN?

A Für den Honig

B Um sich fortzupflanzen

C Zum Spielen

D Um sich zu ernähren

FRAGE 42

WELCHES IST DIE GRÖSSTE BLUME DER WELT?

A Titanwurz

B Rafflesie

C Sonnenblume

D Seerose

ANTWORT 41

Richtige Antwort: B

Bienen schwirren von Blüte zu Blüte auf der Suche nach Pollen und Nektar. Während sie auf den Blüten herumkrabbeln, bleibt leicht etwas von dem Pollen einer anderen Blüte an der klebrigen Blütennarbe hängen. Jetzt vermischt sich der Pollen mit den Samenanlagen der Blüte. Die Blüte ist befruchtet. Aus einer Apfelblüte entwickelt sich dann ein Apfel. In ihm stecken die Samen der Pflanze. Aus den Samen können neue Apfelbäume wachsen. Ohne Bienen gäbe es also viel weniger Obst und Gemüse – und auch viel weniger Apfel-, Kirschbäume und andere Pflanzen.

ANTWORT 42

Richtige Antwort: A

Die fleischfarbene Blüte der Titanwurz kann über drei Meter hoch und rund eineinhalb Meter breit werden. Die riesige Blume blüht nur drei Tage, und in dieser Zeit stinkt sie höllisch. Durch den Geruch nach Aas, ihre rot-braune Farbe und ihre Form lockt die Riesenblüte Käfer an. Die Käfer suchen nach totem Fleisch, denn davon ernähren sich ihre Larven. Sie krabbeln also in die Blüte hinein und legen dort ihre Eier. Das ist gut für die Titanwurz, denn die Käfer bestäuben die Pflanze auf ihrem Weg in die Blüte hinein. Die Titanwurz kann sich also fortpflanzen. Schlecht ist es für die Käferlarven, denn sie müssen nach dem Schlüpfen verhungern. Die Heimat der Titanwurz sind die Regenwälder der indonesischen Insel Sumatra.

FRAGE 43

WER ENTSCHEIDET, WENN SICH ERWACHSENE STREITEN?

A Erwachsene Streitschlichter

B Ich

C Richter

D Erwachsene streiten sich nie.

FRAGE 44

WANN DU DEIN ZIMMER AUFRÄUMEN MUSST ODER WIE LANGE DU DADDELN DARFST – VIELES BESTIMMEN ALLEIN DIE ELTERN. ABER NICHT ALLES. WAS DÜRFEN KINDER LAUT GESETZ IN DEUTSCHLAND AB ZWÖLF JAHREN?

A Wählen

B Ein Haustier haben

C Online-Computerspiele spielen

D Im Auto vorn auf dem Beifahrersitz mitfahren.

ANTWORT 43

Richtige Antwort: C

Der Beruf von Richtern ist es, den Streit von Erwachsenen zu schlichten. Um zu entscheiden, wer recht hat, hören sie den Erwachsenen zu, befragen sie und gucken in die Gesetze. Die Gesetze sind die Spielregeln eines Landes. An sie müssen sich alle halten. Das wichtigste Gesetz in Deutschland ist das Grundgesetz, es heißt auch Verfassung. Darin steht zum Beispiel, dass alle Menschen gleich sind und ihre Meinung sagen dürfen. Dem Grundgesetz darf kein anderes Gesetz widersprechen. Ob das auch so ist, prüfen die Verfassungsrichter.

ANTWORT 44

Richtige Antwort: D

Zu Hause bestimmen die Eltern viele Dinge, zum Beispiel wie lange ein Kind abends aufbleiben darf oder wann es sein Zimmer aufräumen muss. Das dürfen sie, weil sie sich um ihre Kinder kümmern müssen. Das ist in Gesetzen festgelegt. Dort ist zum Beispiel geregelt, ab welchem Alter ein Kind im Auto vorne auf dem Beifahrersitz mitfahren darf. Ab 18 Jahren gilt ein Kind in Deutschland dann als erwachsen. Jetzt ist es für sich selbst verantwortlich und darf alles alleine entscheiden.

FRAGE 45

WER WAR FRIDA KAHLO?

A Eine Mathematikerin

B Eine Malerin

C Eine Youtuberin

D Eine Sängerin und Songschreiberin

FRAGE 46

LANGE ZEIT HATTEN IN DEN USA SCHWARZE NICHT DIESELBEN RECHTE WIE WEISSE. WIE WEHRTE SICH ROSA PARKS GEGEN DIESE UNGERECHTIGKEIT?

A Sie klagte vor Gericht.

B Sie beschwerte sich darüber in einem Brief an den amerikanischen Präsidenten.

C Sie weigerte sich, ihren Sitzplatz im Bus einem Weißen zu überlassen.

D Sie boxte die Weißen.

irl POWER

ANTWORT 45

Richtige Antwort: B

Frida Kahlo ist eine weltweit berühmte mexikanische Malerin. Ihre Bilder sind bekannt für ihre leuchtenden Farben. Mit der Malerei begann sie nach einem schrecklichen Unglück im Jahr 1925. Sie wurde bei einem Busunfall schwer verletzt. Monatelang musste die 18-Jährige im Bett liegen und konnte sich kaum bewegen. Das Malen half ihr, die Schmerzen zu vergessen, sich in eine andere Welt zu träumen und den Mut nicht zu verlieren. Die Ärzte glaubten nicht, dass sie je wieder laufen würde, aber Frida Kahlo schaffte es.

ANTWORT 46

Richtige Antwort: C

Erst seit 1965 haben Schwarze in den USA dieselben Rechte wie Weiße. Als Rosa Parks am 1. Dezember 1955 in einen Bus einstieg, mussten Schwarze noch hinten im Bus sitzen. Der vordere Teil war für Weiße reserviert. Als Rosa Parks aufgefordert wurde, ihren Platz einem Weißen zu überlassen, weil der vordere Teil voll war, weigerte sie sich. Ihre Weigerung zeigte anderen Schwarzen, dass sie sich wehren konnten. Viele fuhren danach aus Protest nicht mehr mit den Bussen. Das wirkte: Nach 381 Tagen erklärte ein Gericht das Gesetz für ungültig. Fortan durften Schwarze im Bus sitzen, wo sie wollten.

FRAGE 47

JOANNE K. ROWLING HAT SICH DIE GESCHICHTE VON HARRY POTTER AUSGEDACHT. WARUM WURDE IHR VORNAME AUF DEM BUCH MIT J. K. ABGEKÜRZT?

A Weil nicht genug Platz auf dem Buch war, um ihn auszuschreiben.

B Weil befürchtet wurde, dass Jungen das Buch sonst nicht lesen würden.

C Weil ihr Vorname geheim war.

D Weil sie ihren Vornamen nicht mag.

FRAGE 48

DURCH WELCHE SPORTART WURDE STEFFI GRAF BERÜHMT?

A Ballett

B Eiskunstlauf

C Sackhüpfen

D Tennis

ANTWORT 47

Richtige Antwort: B

Über 400 Millionen Mal wurden die Abenteuer von Harry Potter verkauft. Kinder auf der ganzen Welt haben sie gelesen. Joanne K. Rowling, die Harry Potter erfunden hat, ist eine weltberühmte Kinderbuchautorin. Mit so einem Riesenerfolg hat niemand gerechnet. Erst sah es sogar so aus, als würde die Geschichte niemals gedruckt werden. Ein Verlag nach dem anderen lehnte sie ab. Schließlich fand Joanne K. Rowling aber zum Glück doch noch einen Verlag, dem Harrys Abenteuer gefielen. Bald darauf erschien der erste Harry-Potter-Band.

ANTWORT 48

Richtige Antwort: D

Schon mit sechs Jahren gewann Steffi Graf ihr erstes Turnier. Danach errang sie einen Erfolg nach dem anderen. Viele Jahre hintereinander war sie die beste Tennisspielerin der Welt. Sie gewann eine Gold-Medaille bei den Olympischen Spielen und 22 Grand-Slam-Turniere. Grand-Slam-Turniere sind die wichtigsten Wettkämpfe im Tennissport. Jedes Jahr gibt es vier davon. 1988 gewann Steffi Graf sie alle. Das hat außer ihr noch niemand geschafft.

FRAGE 49

ZAUBERN, HELLSEHEN, AUF BESEN REITEN – WELCHE HELDIN HAT KEINE ÜBERMENSCHLICHEN KRÄFTE?

A Pippi Langstrumpf
B Bibi Blocksberg
C Die Rote Zora
D Elsa

FRAGE 50

WAS UNTERRICHTET DIE FIESE HEXE DOLORES UMBRIDGE, EINE LEHRERIN HARRY POTTERS?

A Wahrsagen
B Verteidigung gegen die dunklen Künste
C Zaubertränke
D Pflege magischer Geschöpfe

ANTWORT 49

Richtige Antwort: C

Die Rote Zora ist die Chefin einer Bande von Waisenkindern. Sie leben zusammen in einer Burgruine in der Nähe eines kroatischen Dorfs. Die Dorfbewohner können die Kinder nicht ausstehen. Aber die rothaarige Zora ist mutig und schlau, und die Kinder der Bande halten zusammen. So gelingt es ihnen immer wieder, die Dorfbewohner auszutricksen. Die Geschichte hat sich der Autor Kurt Kläber im Jahr 1940 ausgedacht, als in Europa Krieg herrschte. Viele Kinder verloren damals ihre Eltern und mussten sich als Waisen durchschlagen.

ANTWORT 50

Richtige Antwort: B

Die Hexe Dolores Umbridge unterrichtet Verteidigung gegen die dunklen Künste. In dem Fach sollen die Schüler der Zauberschule Hogwarts zum Beispiel lernen, sich vor gefährlichen magischen Wesen und schwarzer Magie zu schützen. Dolores Umbridge aber will ihren Schülern gar nichts beibringen, sondern sie kontrollieren. Die Hexe übt gern Kontrolle über andere aus und sie mag es, anderen zu schaden. Dabei gibt sie vor, nur die Regeln einhalten zu wollen. Die Autorin von „Harry Potter" Joanne K. Rowling findet die von ihr erfundene Hexe deshalb genauso böse wie Harrys größten Feind Lord Voldemort.

FRAGE 51

WAS IST EIN SOZIALES NETZWERK?

A Eine Gemeinschaft im Internet

B Eine hilfsbereite Gemeinschaft

C Eine Gruppe in WhatsApp

D Eine Freundesgruppe im Internet

FRAGE 52

DU BIST EIN RIESEN KATZENFAN. MIT WELCHEM ZEICHEN KANNST DU IN EINEM SOZIALEN NETZWERK NACH „KATZEN" SUCHEN?

A Ausrufezeichen (!)

B Fragezeichen (?)

C @-Zeichen

D Hashtag (#)

ANTWORT 51

Richtige Antwort: A

Facebook war 2019 das größte soziale Netzwerk, aber auch Instagram ist sehr beliebt. In beiden Netzwerken kannst du dich präsentieren, indem du zum Beispiel Fotos von dir zeigst. Außerdem kannst du dich dort mit anderen austauschen und Tipps und Ideen bekommen. Soziale Netzwerke haben gute und schlechte Seiten: Viel Lob für ein schönes Foto abzustauben, ist natürlich toll. Zugleich solltest dir aber immer gut überlegen, was du in einem sozialen Netzwerk über dich preisgeben möchtest, denn die Bilder und alle anderen Informationen können sehr viele Menschen sehen.

fb

ANTWORT 52

Richtige Antwort: D

Wer auf Instagram ein Foto postet, schreibt eine Reihe von Stichwörtern dazu, die zu dem Bild passen. Zu einem Katzenbild also beispielsweise „Katze", „Katzenbabys", „Kater" und „Stubentiger". Wenn du danach eines der Wörter mit einem # davor eingibst, findest du neben vielen anderen Bildern auch das Bild dieses Nutzers. Mit dem Hashtag (sprich: Häschtäk) kannst du nach jedem Thema suchen, das dich interessiert: Du tippst das Zeichen einfach vor den Suchbegriff.

FRAGE 53

EINES DER HÄRTESTEN RENNEN DER WELT IST DER DSCHUNGEL-MARATHON. WELCHE GEFAHREN GIBT ES?

A Eisbären
B Krokodile
C Elefanten
D Vulkane

FRAGE 54

WAS FÜR EIN SCHULFACH GIBT ES IN MANCHEN TEILEN RUSSLANDS?

A Langlauf
B Robotik
C Glück
D Bärenjagd

ANTWORT 53

Richtige Antwort: B

Marathon-Läufe über 43 Kilometer heißen Ultra-Marathons. Der Dschungel-Marathon in Brasilien ist mehr als sechsmal so lang wie ein Marathon. 254 Kilometer geht es quer durch den Regenwald. Die Läufer brauchen nicht nur eine Menge Ausdauer, sondern auch starke Nerven. Immerhin durchqueren sie Flüsse, in denen Krokodile leben, und können auf ihrem Weg auch anderen Dschungel-Bewohnern begegnen: Schlangen oder Jaguaren zum Beispiel.

ANTWORT 54

Richtige Antwort: D

Langlauf ist zum Beispiel in der Region rund um die russische Hauptstadt Moskau ein Schulfach. Dort wird es im Winter auch ziemlich kalt, locker unter minus 20 Grad, und es liegt jede Menge Schnee. Glück wird in Indien unterrichtet und auch in manchen deutschen Schulen. In Robotik lernen Kinder in den USA, wie sie Roboter bauen können. Bärenjagd wird hingegen an keiner Schule der Welt unterrichtet.

FRAGE 55

DIE LÄNGSTEN BEINE DER WELT HAT 2018 LAUT GUINNESS-BUCH DER REKORDE DAS RUSSISCHE MODEL EKATERINA LISINA. WIE LANG SIND SIE?

A 132 Zentimeter
B 5 Meter
C 50 Zentimeter
D 110 Zentimeter

FRAGE 56

WELCHE WELTMEISTERSCHAFT GIBT ES IN FINNLAND?

A Die Schulbuch-Zerreiß-Weltmeisterschaft
B Die Computer-Zertrümmer-Weltmeisterschaft
C Die Handy-Weitwurf-Weltmeisterschaft
D Die Hausaufgaben-Wettessen-Weltmeisterschaft

ANTWORT 55

Richtige Antwort: A

Ekaterina Lisina steht gleich zweimal im Guinness-Buch der Rekorde – als die Frau mit den längsten Beinen und als das größte Model der Welt. Die knapp über zwei Meter große Frau hat auch große Füße. Sie trägt Schuhgröße 47. Als Jugendliche musste sie meist Männerschuhe anziehen, weil es für so große Füße keine Frauenschuhe gab.

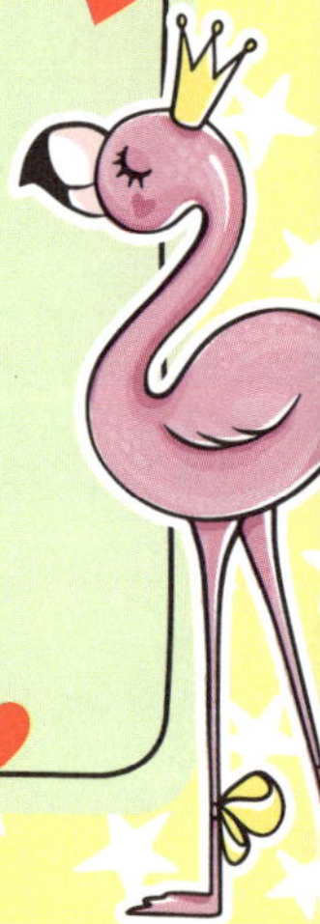

ANTWORT 56

Richtige Antwort: C

Wer sein Handy am weitesten wegschleudert, hat gewonnen bei der Handy-Weitwurf-Weltmeisterschaft in Finnland. Im Jahr 2012 hat ein Finne einen neuen Weltrekord aufgestellt: Er warf sein Handy 101,46 Meter weit. Wer nicht so gut ist im Werfen, kann auch bei einem anderen Wettbewerb während der Meisterschaft mitmachen: In der Kategorie „Freestyle" geht es um besonders elegante Bewegungen beim Handy-Wurf.

FRAGE 57

MANCHE TIERBABYS HABEN SELTSAME NAMEN. WIE HEISST DAS JUNGE VON SEEHUNDEN?

A Piepser
B Frischling
C Schlüpfling
D Heuler

FRAGE 58

WELCHES RECHT HAST DU ALS KIND?

A Zur Schule zu gehen
B Dein Zimmer nicht aufzuräumen
C Süßigkeiten zu essen
D Taschengeld zu bekommen

ANTWORT 57

Richtige Antwort: D

Nach der Geburt säugt die Seehundmutter ihr Junges ein paar Wochen. In dieser Zeit kann es von der Mutter getrennt werden, zum Beispiel weil Menschen zu nahe herankommen und die Mutter vor ihnen flüchtet. Das verlassene Seehundjungtier stößt dann laute, heulende Rufe aus. Ihnen verdankt es seinen Namen. Damit die Mutter zu ihrem Kind zurückkehren kann, sollten Menschen einen Heuler nur aus der Ferne beobachten und auf keinen Fall anfassen. Die Mutter erkennt ihr Junges nämlich am Geruch, und der verändert sich nach der Berührung eines Menschen.

ANTWORT 58

Richtige Antwort: A

Über 150 Millionen Kinder in der Welt müssen arbeiten, statt zur Schule zu gehen. Sie müssen etwas dazuverdienen, weil ihre Familien zu arm sind, um für sie zu sorgen. Da die Kinder nicht lesen, schreiben und rechnen lernen können, werden sie als Erwachsene vielleicht weiter für wenig Geld schuften müssen und können ihre Kinder auch nicht zur Schule schicken. Um das zu verhindern, haben sich fast alle Länder der Welt auf besondere Kinderrechte geeinigt. In der Kinderrechtskonvention steht, dass alle Kinder das Recht haben, zur Schule zu gehen.

FRAGE 59

INSEKTEN-GERICHTE GIBT ES IN VIELEN LÄNDERN DER ERDE. WELCHES GERICHT KOMMT AUS DEUTSCHLAND?

A Frittierte Vogelspinne

B Milbenkäse

C Angebratener Skorpion

D Quallen-Suppe

FRAGE 60

WIE HIESS DIE WIDERSTANDSGRUPPE GEGEN DEN DIKTATOR ADOLF HITLER, DIE SOPHIE SCHOLL ZUSAMMEN MIT IHREM BRUDER HANS GRÜNDETE?

A Stacheliger Kaktus

B Mistkäfer-Abwehr

C Die Blaue Lilie

D Die Weiße Rose

!!

ANTWORT 59

Richtige Antwort: B

Milben sind winzige Spinnen, die am besten unter dem Mikroskop zu sehen sind. Sie stecken im Milbenkäse und geben ihm seinen würzigen Geschmack. In Deutschland gibt es wenige Gerichte mit Insekten. Das ist nicht überall auf der Welt so. In Kambodscha sind frittierte Vogelspinnen ein beliebter Snack, in Thailand gibt es gebratenen Skorpion und in China und Japan ist Quallen-Suppe eine Spezialität. Viele Insekten sind sehr gesund. Außerdem brauchen sie weniger Platz und Nahrung als zum Beispiel Rinderherden. Besonders in unfruchtbaren Gebieten ist es also eine gute Idee, Insekten zu züchten.

ANTWORT 60

Richtige Antwort: D

Sophie Scholl und ihr Bruder Hans wehrten sich zusammen mit anderen Studenten gegen den brutalen Diktator Adolf Hitler. Wer damals etwas gegen Hitler und die Nationalsozialisten unternahm, setzte seine Freiheit und sein Leben aufs Spiel. Das wussten die Geschwister, und trotzdem verteilten sie Flugblätter, in denen sie zum Widerstand aufriefen. Die Geheimpolizei suchte fieberhaft nach den Verfassern der Flugblätter. 1943 wurden Sophie Scholl und ihr Bruder verraten, festgenommen und kurz darauf hingerichtet. Bis heute aber ist ihr großer Mut unvergessen.

FRAGE 61

ANGELA MERKEL IST DIE ERSTE DEUTSCHE BUNDESKANZLERIN. WAS WOLLTE SIE NACH DER SCHULE WERDEN?

A Lehrerin
B Physikerin
C Schauspielerin
D Fußballstar

FRAGE 62

BIENE MAJA IST DIE BERÜHMTESTE BIENE DER WELT. WER ZÄHLT NICHT ZU IHREN FREUNDEN?

A Drohne Willi
B Grashüpfer Flip
C Mistkäfer Kurt
D Kreuzspinne Thekla

ANTWORT 61

Richtige Antwort: B

Als Angela Merkel ein Kind war, gab es zwei deutsche Staaten: die Deutsche Demokratische Republik (DDR) im Osten und die Bundesrepublik Deutschland (BRD) im Westen. Angela Merkel wuchs in der DDR auf. Das war eine Diktatur. Die Bürger des Landes durften zum Beispiel nicht einfach in die Bundesrepublik reisen. Nach der Schule studierte Angela Merkel Physik. Als die Grenze zwischen den beiden deutschen Ländern fiel, wurde sie Politikerin. Sie schloss sich der Partei CDU an und übernahm schließlich – als erste Frau – den Job der Parteivorsitzenden, also der Chefin. 2005 wurde sie dann als erste Frau zur Bundeskanzlerin gewählt.

ANTWORT 62

Richtige Antwort: D

Biene Maja ist abenteuerlustig und neugierig. Ausgedacht hat sich die berühmte Biene der Autor Waldemar Bonsels. Das Buch von 1912 war ein Bestseller. 1975 wurde die Geschichte verfilmt: In der Zeichentrick-Serie „Biene Maja" kamen neue Figuren hinzu. Zu ihnen gehören Majas bester Freund, die verfressene Drohne Willi, und der Grashüpfer Flip, der die beiden Freunde häufiger mal aus einer brenzligen Situation rettet. Mistkäfer Kurt, der sich gern als Rosenkäfer ausgibt, und die hinterhältige Kreuzspinne Thekla, kommen dagegen auch schon im Buch vor.

FRAGE 63

WELCHE BILDER DARFST DU IN EINEM SOZIALEN NETZWERK POSTEN?

A Alle Fotos, die ich selbst aufgenommen habe

B Gar keine!

C Fotos von Tieren

D lustige Schnappschüsse von Fremden

FRAGE 64

NEYMAR IST DER DER TEUERSTE FUSSBALLSPIELER DER WELT. WIE VIEL ZAHLTE DER VEREIN PARIS SAINT-GERMAIN FÜR DEN PROFI?

A Eine Million Euro

B 222 Millionen Euro

C 1.000 Euro

D 41 Millionen Euro

ANTWORT 63

Richtige Antwort: C

Jeder Mensch hat das „Recht am eigenen Bild". Du darfst deshalb nicht einfach ein Foto von jemandem posten, der damit nicht einverstanden ist oder davon gar nichts weiß. Umgekehrt darf auch niemand ein Foto von dir ohne dein Einverständnis in ein soziales Netzwerk wie Instagram stellen. Tiere dagegen kannst du ja nicht fragen, ob ihnen das Foto gefällt und du es im Internet veröffentlichen darfst. Deshalb dürfen Tierfotos einfach so gepostet werden.

ANTWORT 64

Richtige Antwort: B

Niemals zuvor hat ein Verein so viel Geld für einen Profi-Fußballer bezahlt. Für 222 Millionen Euro könnte man immerhin eine Luxusyacht bauen lassen – mit Pool und Hubschrauberlandeplatz. Paris Saint-Germain hat das Geld lieber für die Verpflichtung des Fußballers Neymar ausgegeben. Für Top-Fußballer mit vielen Fans zahlen Vereine eine Menge Geld, weil sie mit ihnen in der Mannschaft mehr verdienen. Neymar-Fans werden zum Beispiel das Trikot von Paris Saint-Germain kaufen, auf dem hinten „Neymar" steht, und sie werden sich die Spiele des Vereins im Fernsehen anschauen.

FRAGE 65

MIT WELCHEN TIEREN WIRD IN DER MONGOLEI GEJAGT?

A Mit Wölfen
B Mit Adlern
C Mit Schneeleoparden
D Mit Wüstenfüchsen

FRAGE 66

WAS HILFT ANGEBLICH GEGEN PICKEL UND NARBEN?

A Schneckenschleim
B Schokoladenmaske
C Quallenbad
D Nix

ANTWORT 65

Richtige Antwort: B

In der Mongolei hat die Jagd mit Steinadlern lange Tradition. Die Raubvögel sind groß und haben scharfe Krallen und Schnäbel. Ein Adlerjäger bringt seinem Adler eine Menge bei – erst danach kann er mit dem Raubvogel jagen gehen. Lange Zeit waren nur Männer Adlerjäger. Sie trafen sich jedes Jahr beim Adlerjägerfest. Im Jahr 2016 hat zum ersten Mal eine Adlerjägerin bei den Wettbewerben des Fests mitgemacht. Aisholpan Nurgaiv war damals erst 13 Jahre alt. Nach ihr haben noch weitere Mädchen das Jagen mit Adlern gelernt.

ANTWORT 66

Richtige Antwort: A

Schneckenschleim soll nicht nur gegen Pickel und Narben helfen, sondern auch gegen Falten. Und überhaupt soll der Schleim gut sein für die Haut. Zart und straff wird sie angeblich durch ihn. In besonderen Beauty-Behandlungen werden Menschen deshalb Schnecken aufs Gesicht gesetzt. Die kriechen dann eine Weile da rum und verteilen ihren Schleim.

FRAGE 67

WIE VIELE SÜSSIGKEITEN WERDEN BEI DEM KÖLNER KARNEVALSUMZUG VERTEILT, DEM GRÖSSTEN IN DEUTSCHLAND?

A Etwa 300 Tonnen

B Etwa 10 Tonnen (so viel wie in einen Lkw reinpasst)

C Etwa 40 Tonnen

D Gar keine mehr, weil Süßigkeiten ungesund sind.

FRAGE 68

WAS SIND PFERDE NICHT?

A Herdentiere

B Fluchttiere

C Raubtiere

D Reittiere

ANTWORT 67

Richtige Antwort: A

300 Tonnen Süßigkeiten – das sind etwa 30 Lkw randvoll mit Bonbons, Gummibärchen, Schokolade und Pralinen. Die ganzen Süßigkeiten fliegen jedes Jahr von den bunten Umzugswagen des Kölner Rosenmontagszugs. Im Kölner Dialekt heißen Süßigkeiten „Kamelle". Wer sich am Straßenrand den Rosenmontagszug ansieht und noch mehr Süßigkeiten fangen will, ruft also am besten „Kamelle!". In anderen Teilen Deutschlands heißt Karneval anders, nämlich Fasching oder auch Fastnacht.

ANTWORT 68

Richtige Antwort: C

Pferde sind Pflanzenfresser. Sie gehen also nicht auf die Jagd und sind daher keine Raubtiere. Um sich wohlzufühlen, brauchen sie die Herde, denn die Herde bietet ihnen Schutz und Geborgenheit. Fluchttiere sind Pferde, weil sie bei einer Gefahr immer zuerst versuchen zu fliehen. Nur wenn sie keinen Ausweg erkennen, verteidigen sie sich durch Steigen, Ausschlagen oder Beißen. Nicht alle Pferde sind als Reitpferde gut geeignet, denn Reitpferde brauchen bestimmte Eigenschaften wie zum Beispiel Ausdauer.

FRAGE 69

WAS IST UNGESUND?

A Obst
B Gemüse
C Insekten
D Zuckerwatte

FRAGE 70

WAS HATTE AMELIA EARHART DABEI, ALS SIE 1932 ALS ERSTE FRAU DEN ATLANTIK ÜBERFLOG?

A Eine Tafel Schokolade
B Eine Dose Tomatensaft
C Ein Schlauchboot
D Ein paar leckere Heuschrecken

ANTWORT 69

Richtige Antwort: D

Zuckerwatte enthält jede Menge Zucker. Der Körper holt sich aus Zucker Energie. Das ist erst mal gut, denn Energie brauchst du für alles, zum Beispiel um zu spielen und zu lernen. Da aber viele Lebensmittel Zucker enthalten – sogar Salzstangen! –, essen Menschen in Deutschland und anderen reichen Ländern meist zu viel Zucker. Aber der Körper braucht gar nicht so viel Energie, wie wir ihm mit durch den ganzen Zucker zuführen. Was übrig ist, speichert dein Körper daher für schlechte Zeiten. Das macht dick und ist ungesund, denn zu viel Gewicht drückt zum Beispiel auf die Knie und andere Gelenke.

ANTWORT 70

Richtige Antwort: B

Als Kind besuchte Amelia Earhart mit ihrem Vater eine Flugshow. Sie war begeistert und wollte fliegen lernen. Unbedingt! Ihre Eltern waren aber nicht bereit, das zu bezahlen. Doch Amelia ließ sich nicht von ihrem Wunsch abbringen: Sie arbeitete hart, bis sie die Fluglizenz selbst bezahlen konnte. Und dann brach sie Rekorde: Als erste Frau flog sie 1922 4.300 Meter hoch. 1932 überquerte sie als erste Frau den Atlantik. Ganz allein. Ihr kleines Flugzeug wurde hoch über dem Ozean von eisigem Wind hin- und hergeworfen, aber sie schaffte es: Nach rund 15 Stunden landete sie in Irland.

FRAGE 71

WOFÜR KÄMPFT DIE SCHAUSPIELERIN EMMA WATSON, DIE IN „HARRY POTTER" HERMINE GRANGER SPIELT?

A Für Magier, deren Eltern Muggel sind (Schlammblüter)

B Für Gleichberechtigung von Männern und Frauen

C Für gesunde Ernährung

D Für mehr Unterricht

FRAGE 72

WAS VERSTECKT DIE KÖNIGIN IN EINEM BERÜHMTEN MÄRCHEN UNTER VIELEN MATRATZEN?

A Gold

B Einen Liebesbrief

C Eine Erbse

D Einen Zauberstab

ANTWORT 71

Richtige Antwort: B

Emma Watson kämpft für die Gleichberechtigung von Männern und Frauen. So reiste sie zum Beispiel nach Bangladesch und Sambia und setzte sich dort für die Bildung von Mädchen ein. Seit 2014 ist sie Sonderbotschafterin der UNO für die Rechte von Frauen und Mädchen. Die Organisation UNO setzt sich ein für Frieden und Sicherheit auf der Welt. Als UNO-Botschafterin hält Emma Watson zum Beispiel Reden vor Politikern. Sie will Jungen und Männer dafür gewinnen, auch für die Gleichberechtigung von Frauen zu kämpfen. Sie findet, dass Frauen und Männer dabei zusammenarbeiten sollten.

ANTWORT 72

Richtige Antwort: C

In dem Märchen „Die Prinzessin auf der Erbse" will die Königin herausfinden, ob ein fremdes Mädchen eine Prinzessin ist. Ihr Sohn, der Prinz, will nämlich nur eine echte Prinzessin heiraten. Die Königin greift also zu einer List: Sie stapelt 20 Matratzen auf das Bett, in dem das Mädchen schlafen soll. Darunter versteckt sie eine Erbse. Als sich das Mädchen am nächsten Morgen über etwas Hartes in ihrem Bett beklagt, ist die Sache klar: Wer so empfindlich ist, muss eine echte Prinzessin sein. Ausgedacht hat sich die Geschichte der Autor Hans Christian Andersen vor über 180 Jahren.

FRAGE 73

WOMIT VERDIENEN DIE BETREIBER VON APPS WIE WHATSAPP, SNAPCHAT ODER INSTAGRAM GELD?

A Durch Daten

B Durch Spenden

C Die Apps sind kostenlos. Die Betreiber verdienen damit kein Geld.

D Durch Gewinnspiele

FRAGE 74

TOP-PROFIFUSSBALLER VERDIENEN MEHRERE MILLIONEN IM JAHR. WIE VIEL VERDIENEN DIE BESTEN PROFI-FUSSBALLERINNEN DEUTSCHLANDS DURCHSCHNITTLICH?

A Genauso viel natürlich

B Rund 40.000 Euro im Jahr

C Nichts. Sie spielen aus Spaß.

D Im Schnitt eine Million mehr als ihre männlichen Kollegen

ANTWORT 73

Bei Whatsapp, Snapchat oder Instagram mitzumachen, kostet kein Geld. Die Betreiber der Apps verdienen aber trotzdem eine Menge, denn das, was du über dich preisgibst, ist viel wert. Diese Informationen werden auch Daten genannt. Sie können zum Beispiel an Unternehmen verkauft werden. Unternehmen zahlen viel Geld dafür, denn je mehr sie über dich wissen, desto eher können sie dir Werbung für die Produkte zuschicken, die dich interessieren.

ANTWORT 74

Richtige Antwort: B

Profi-Fußballerinnen in Deutschland verdienen weniger als ihre männlichen Kollegen, weil Frauenfußball noch nicht so beliebt ist. Zum Beispiel schauen sich weniger Menschen die Spiele der Frauen-Mannschaften im Fernsehen an. Dadurch verdienen die Vereine weniger als bei den Spielen der Männer-Mannschaften. Aber das ändert sich langsam: Frauenfußball wird beliebter. Am meisten verdienen Profi-Fußballerinnen übrigens in den USA. Denn dort haben die Spiele der Frauen-Mannschaften teilweise mehr Zuschauer als die Spiele der männlichen Kollegen.

FRAGE 75

WAS FÜR EINE MEISTERSCHAFT GIBT ES IN ENGLAND?

A Meisterschaft im Brennnesselessen
B Meisterschaft im Teetrinken
C Meisterschaft im Witze erzählen
D Meisterschaft im höflich sein

FRAGE 76

VON WELCHEN TIEREN LASSEN SICH MANCHE MENSCHEN ABGESTORBENE HAUT VON IHREN FÜSSEN ABKNABBERN?

A Piranhas
B Haie
C Knabberfische
D Schnappschildkröten

ANTWORT 75

Richtige Antwort: A

Fast jeder hat schon mal aus Versehen eine Brennnessel berührt und weiß, wie die Blätter piksen. Die meisten fassen Brennnesseln danach lieber nicht mehr an. Die Teilnehmer der Weltmeisterschaft im Brennnesselessen aber stopfen sich die Blätter sogar in den Mund. Und zwar so viele, wie sie nur können. Wer am meisten rohe Brennnesseln isst, hat nämlich gewonnen.

ANTWORT 76

Richtige Antwort: C

In einer Fisch-Fußpflege knabbern kleine Fische an deinen Füßen herum. Die Knabberfische, die auch Saugbarben genannt werden, scheinen die abgestorbene Haut zu mögen. Sie stürzen sich förmlich auf neue Füße im Fußbad. Tierschützer finden so eine Fuß-Behandlung aber gar nicht gut, denn im Fußbad können sich die Fische nicht verstecken, haben also nie ihre Ruhe, und viel lieber als abgestorbene Fußhaut mögen sie zudem eigentlich Plankton.

FRAGE 77

WIE LANGE SCHLAFEN HAUSKATZEN MANCHMAL PRO TAG?

A Acht Stunden, also etwa so lange wie ich

B Vier Stunden

C Zehn Stunden

D Sechzehn Stunden

FRAGE 78

PFERDE FÜHLEN SICH IN EINER HERDE AM WOHLSTEN. WER FÜHRT DIE HERDE AN?

A Meist eine erfahrene Leitstute

B Meist ein kräftiger Leithengst

C Meist ein schlaues Leitfohlen

D Meist ein schönes Einhorn.

ANTWORT 77

Richtige Antwort: D

Hauskatzen können richtige Langschläfer sein – manchmal verschlafen sie mehr als den halben Tag. Am liebsten schlafen die Raubtiere tagsüber und gehen nachts auf Jagd. Wie viel sie schlafen, hängt auch vom Wetter ab: Bei Regenwetter bleiben sie lieber drin und dösen noch ein weiteres Stündchen auf dem Sofa.

ANTWORT 78

Richtige Antwort: A

Die Leitstute führt die Herde zu guten Futterplätzen und warnt sie vor Gefahren. Sie ist die Chefin der Herde. In einer Pferdeherde gibt es eine Rangordnung: Jedes Tier kennt seinen Platz darin und weiß zum Beispiel, ob es gleich nach der Leitstute fressen darf oder, erst nach allen anderen. Durch das Alter der Tiere oder wenn ein neues Pferd zur Herde kommt, kann sich die Rangordnung verändern.

FRAGE 79

WELCHEM PRODUKT VERDANKT EINE DER REICHSTEN FRAUEN DER WELT IHR RIESIGES VERMÖGEN VON RUND 21 MILLIARDEN EURO?

A Autos

B Schokolade

C Parfüm

D Boxhandschuhe

FRAGE 80

VIRGINIA HALL WAR EINE GEWIEFTE SPIONIN. WAS KONNTE SIE BESONDERS GUT?

A Sich verkleiden

B Im Dunkeln hören

C Kochen

D Witze erzählen

ANTWORT 79

Richtige Antwort: B

Zusammen mit ihrem Bruder besitzt Jacqueline Mars einen der größten Lebensmittel-Hersteller der Welt: Mars. Das Unternehmen verkauft neben verschiedenen Schokoriegeln noch ein paar andere Produkte. Jedes Jahr verdient Mars damit rund 30 Milliarden Euro. Die rund 75.000 Angestellten nennen sich Marsianer. Sie können bei der Arbeit so viele Schokoriegel essen, wie sie wollen. Auf den Fluren stehen Automaten, an denen man umsonst Süßigkeiten bekommen kann.

ANTWORT 80

Richtige Antwort: A

Im Zweiten Weltkrieg kämpfte Virginia Hall gegen das nationalsozialistische Deutschland. Die Nazis wollten die gefährliche Spionin unbedingt gefangen nehmen. Das gelang ihnen aber nicht. Virgina Hall konnte sich nämlich sehr gut verkleiden. In dem von Deutschland eroberten Frankreich tarnte sie sich als Bäuerin. Ohne je von den Nazis entdeckt zu werden, sprengte sie Brücken in die Luft, brachte Züge zum Entgleisen und zerstörte Telefonleitungen.

FRAGE 81

JANE GOODALL IST EINE BERÜHMTE AFFENFORSCHERIN. EINMAL PFLEGTE SIE EINEN VERLETZTEN SCHIMPANSEN GESUND. WIE VERABSCHIEDETE ER SICH?

A Er sagte laut und deutlich „Tschüss".

B Er umarmte sie.

C Mit High five

D Mit Handstand-Überschlag.

FRAGE 82

WER IST MISS MARPLE?

A Eine Privatdetektivin

B Eine Hexe

C Eine Prinzessin

D Eine Biene

ANTWORT 81

Richtige Antwort: B

Die Schimpansin. Wounda kam stark geschwächt, krank und als Waise in das Institut von Jane Goodall. Die berühmte Forscherin und Tierschutz-Aktivistin pflegte die Schimpansin gesund. Danach ließ sie Wounda wieder frei. Bevor die Schimpansin in der Wildnis verschwand, umarmte sie Jane Goodall. Viele Jahre lang hat die Forscherin Schimpansen beobachtet. Sie gewann das Vertrauen der Tiere und kann sogar die meisten Laute ihrer Sprache verstehen. Seit Jahrzehnten setzt sich Jane Goodall für den Schutz von Schimpansen ein, die auch durch die Abholzung des Regenwalds bedroht sind.

ANTWORT 82

Richtige Antwort: A

Die alte Dame Miss Marple sieht zwar harmlos aus, ist aber eine gewiefte Hobby-Detektivin. Durch ihre Neugier, ihren Mut und ihre Fähigkeit, genau zu beobachten, löst sie die kniffeligsten Fälle. Der Polizei ist sie dabei immer eine Nasenlänge voraus. Miss Marple war die Lieblingsfigur der berühmten Autorin Agatha Christie. Erfunden hat sie die alte Dame 1930 Die Detektiv-Geschichten von Miss Marple sind auch verfilmt worden. Durch die Filme wurde Agatha Christie noch bekannter. Sie zählt zu den erfolgreichsten Autorinnen, die es jemals gab.

FRAGE 83

WAS PASSIERT MIT BILDERN, DIE DU AUF FACEBOOK ODER WOANDERS IM INTERNET GEPOSTET HAST?

A Sie verschwinden vielleicht nie wieder.

B Nach zwei Wochen werden sie automatisch gelöscht.

C Wenn sie dir nicht mehr gefallen, kannst du sie löschen.

D Sie werden automatisch vom Cyber-Beauty-Modus bearbeitet.

FRAGE 84

WER MACHT MIT BEI DEN OLYMPISCHEN SPIELEN, DEM GRÖSSTEN UND ÄLTESTEN SPORTFEST DER WELT?

A Jeder, der Lust hat

B Nur Männer

C Die besten griechischen Sportler

D Sportler aus über 200 Ländern

ANTWORT 83

Richtige Antwort: A

Sobald etwas im Internet steht, kann es kopiert und geteilt werden. Dann hast du keine Kontrolle mehr darüber. Selbst wenn du das Bild auf deiner Website oder in deinem Profil löschst, schwirrt es ewig im Internet herum. Überlege dir also gut, welche Fotos du postest. Peinliche oder zu alberne Bilder stellst du zum Beispiel am besten nicht ins Netz.

ANTWORT 84

Richtige Antwort: D

Die Olympischen Spiele sind das größte Sportfest der Welt. Sportler aus fast allen Ländern treten hier gegeneinander an. Die fünf Ringe auf der olympischen Flagge stehen für die fünf Kontinente der Erde. Jedes Land schickt seine besten Sportler zu den Spielen. Wer mitfahren darf, entscheidet in Deutschland der Deutsche Olympische Sportbund. Ihm gehören mehr als 90.000 Sportvereine an Die meisten deutschen Sportler bei den Olympischen Spielen haben schon als kleine Kinder angefangen, im Verein zu trainieren.

FRAGE 85

JAPANISCHE SCHWERTKÄMPFER HEISSEN SAMURAI. WAS WIRD KINDERN BEIGEBRACHT, WENN SIE SAMURAI-SCHWIMMEN LERNEN?

A Im Wasser mit dem Schwert zu kämpfen

B Beim Schwimmen ein Schwert zu tragen

C Gegenstände wie ein Tablett mit Suppenschüsseln auf dem Kopf zu balancieren

D lautlos zu schwimmen

FRAGE 86

WELCHES TIER WIRD MENSCHEN BEI BESONDEREN MASSAGEN AUF DEN RÜCKEN GESETZT?

A Ein Elefant

B Ameisen

C Schlangen

D Spinnen

ANTWORT 85

Richtige Antwort: C

Die Samurai waren bis ins 17. Jahrhundert die besten Krieger Japans. Sie kämpften auch in Seeschlachten und eroberten Wasserburgen. Schwimmen war also eine wichtige Fähigkeit. Um auch im Wasser mit dem Schwert kämpfen zu können, schwammen sie senkrecht und nur mit den Beinen. Noch heute wird in Japan Samurai-Schwimmen unterrichtet. Um Konzentration zu lernen, balancieren die Schüler dabei Gegenstände auf dem Kopf – zum Beispiel ein Tablett mit Suppenschüsseln.

ANTWORT 86

Richtige Antwort: C

Von Schlangen lassen sich Menschen in der indonesischen Hauptstadt Jakarta massieren. Bei der Massage gleiten Pythons über den Körper. Das soll die Muskeln entspannen. Wer Angst hat vor Schlangen, entspannt sich dabei natürlich überhaupt nicht. Tierschützer halten die Massage für Tierquälerei. Sie finden, dass die ungiftigen Riesenschlangen ausgenutzt werden.

FRAGE 87

WONACH SIND EINIGE FELSEN AUF DEM MARS BENANNT?

A Nach griechischen Gottheiten
B Nach berühmten Kriegern
C Nach Eissorten
D Nach Filmhelden

FRAGE 88

WAS SIND PONYS?

A Große Fohlen
B Kleine Pferde
C Getarnte Lamas
D Weibliche Pferde

ANTWORT 87

Richtige Antwort: C

Vor Tausenden von Jahren benannten die Römer die Planeten unseres Sonnensystems nach ihren Göttern. Der Gasriese Jupiter, der größte Planet, trägt zum Beispiel den Namen des Götter-Oberhaupts. Heute vergibt die Internationale Astronomische Union (IAU) die Namen im Weltraum. Einigen Felsen auf dem Mars hat sie die Namen von Eissorten verpasst, Cookies and Cream zum Beispiel.

ANTWORT 88

Richtige Antwort: B

Ponys sind im Stockmaß höchstens 148 Zentimeter groß. Mit dem Stockmaß wird die Größe von Pferden und Ponys angegeben: Gemessen wird vom Boden bis zum Widerrist, dem höchsten Punkt am Rücken des Tiers. Ponys gelten als durchsetzungsstark und robust. Und viele sind ziemlich stark. Das kleine Shetlandpony zählt sogar zu den stärksten Pferden der Welt: Manche Shetlandponys können das Doppelte ihres Körpergewichts ziehen.

FRAGE 89

WARUM WIRD ES AUF DER ERDE IMMER WÄRMER?

A Weil die Erde sich immer weiter auf die Sonne zubewegt

B Weil die Eiszeit vorbei ist

C Weil die Menschen zu viel von dem Gas Kohlendioxid in die Luft blasen

D Weil die Menschen zu wenig Eis essen

FRAGE 90

WELCHE HELDIN HAT SICH DIE BERÜHMTE KINDERBUCH-AUTORIN ASTRID LINDGREN NICHT AUSGEDACHT?

A Ronja Räubertochter

B Pippi Langstrumpf

C Momo

D Madita

ANTWORT 89

Richtige Antwort: C

Das Gas Kohlendioxid entsteht zum Beispiel beim Verbrennen von Öl oder Kohle, um Strom zu gewinnen. Das Gas gelangt in die Atmosphäre. Das ist die Schutzhülle rund um die Erde. Sie besteht aus Kohlendioxid und anderen Gasen. Ohne die Schutzhülle gäbe es kein Leben und es wäre ziemlich frostig auf unserem Planeten. Nun jagen die Menschen aber immer mehr Kohlendioxid in die Luft. Dadurch gelangen immer weniger Sonnenstrahlen durch die Atmosphäre zurück ins All. Auf der Erde wird es also wärmer. Der Effekt heißt auch Klimawandel.

ANTWORT 90

Richtige Antwort: C

Das Mädchen Momo hat sich der Autor Michael Ende ausgedacht. Ronja Räubertochter, Pippi Langstrumpf und Madita sind Erfindungen von Astrid Lindgren. Sie gilt als berühmteste Kinderbuchautorin der Welt. „Pippi Langstrumpf" war ihr erster großer Erfolg. Viele Millionen Mal wurde das Buch verkauft. Die Geschichte von dem stärksten Mädchen der Welt, das sich nicht einschüchtern lässt, sondern tut, was sie will, begeistert noch heute Kinder überall auf der Welt. Das letzte Buch vor Astrid Lindgrens Tod im Jahr 2002 war „Ronja Räubertochter".

FRAGE 91

JESSICA WATSON SEGELTE MIT 16 JAHREN EINMAL ALLEIN UM DIE WELT. WOVOR FÜRCHTETE SIE SICH ALS KIND?

A Vor Spinnen

B Vor Wasser

C Vor Booten

D Vor Fischen

FRAGE 92

WELCHE BESONDERE FÄHIGKEIT HAT GWENDOLYN IN „RUBINROT“?

A Über Wasser laufen

B Sich in ein Tier verwandeln

C In die Zukunft sehen

D Durch die Zeit reisen

ANTWORT 91

Richtige Antwort: B

Jessica Watson war wasserscheu, zumindest bis sie es wagte, Hand in Hand mit ihrer Schwester und ihren Cousinen in einen Pool zu springen. Danach konnte sie von Wasser nicht mehr genug kriegen. Sie lernte segeln und mit 16 Jahren brach sie auf, um mit dem Segelboot einmal um die Welt zu fahren. Und zwar ohne anzuhalten und ganz allein. Sie durchsegelte vier Ozeane, trotzte Gewittern und Stürmen mit Wellen, die so hoch waren wie ein Haus. Wasser lief in ihr Schiff, das Segel riss. Aber sie schaffte es: Nach 210 Tagen segelte sie wieder in den Hafen von Sydney.

ANTWORT 92

Richtige Antwort: D

Zur Überraschung ihrer Familie kann Gwendolyn durch die Zeit reisen. Und eigentlich dachten alle, Gwendolyns Cousine Charlotte habe das Zeitreise-Gen. Stattdessen aber findet sich eines Tages Gwendolyn für kurze Zeit in der Vergangenheit wieder. Die Sache ist also klar und Gwendolyn stolpert in ein Abenteuer, auf das Charlotte jahrelang vorbereit wurde: Sie soll nicht weniger als die Welt retten. Mit dem fast genauso alten Zeitreisenden Gideon an ihrer Seite stürzt sie sich in die Vergangenheit. Die Geschichte hat sich die Autorin Kerstin Gier ausgedacht.

FRAGE 93

SCHWEINEFLEISCH IN DOSEN HIESS SPAM. WAS WIRD INZWISCHEN ALS SPAM BEZEICHNET?

A Ein soziales Netzwerk wie Instagram

B Unterhaltungen auf WhatsApp

C Werbe-E-Mails

D Ein Online-Computerspiel

FRAGE 94

WAS WAR BIS 1920 EINE OLYMPISCHE SPORTART?

A Tauziehen

B Gummitwist

C Seilspringen

D Origami

ANTWORT 93

Richtige Antwort: C

Jeden Tag werden allein in Deutschland über 100 Millionen Spam-Mails verschickt. Das sind Werbe-Mails zum Beispiel für Medikamente. In manchen Spam-Mails wird auch behauptet, du hättest Geld gewonnen, obwohl das gar nicht stimmt. Spam-Mails sind verboten, verschickt werden sie aber trotzdem. Das lässt sich kaum verhindern, weil die Absender ihre Mail-Adressen fälschen. Landet Werbe-Müll in deinem E-Mail Eingang, klicke nichts an, öffne keine Anhänge und antworte nicht!

ANTWORT 94

Richtige Antwort: A

Beim Tauziehen traten jeweils zwei Mannschaften gegeneinander an. Die Mannschaft, die das Seil zu sich rüberziehen konnte, gewann. Seit 1920 gibt es kein olympisches Tauziehen mehr, aber viele andere Mannschaftssportarten wie zum Beispiel Handball. Was olympische Disziplin wird: Darüber entscheidet das Internationale Olympische Komitee (IOC). Insgesamt sind es weit über 50 Sportarten. Im Jahr 2009 ist Golf neu dazugekommen, 2020 das Surfen. Die ältesten Sportarten sind Laufen, Werfen und Springen.

FRAGE 95

DAS GRUSELFEST HALLOWEEN WIRD JEDES JAHR AM 31. OKTOBER GEFEIERT. WOHER KOMMT ES?

A Aus Transsilvanien in Rumänien

B Aus den USA

C Aus Irland

D Aus Saudi-Arabien

FRAGE 96

DIE ÄGYPTISCHE PHARAONIN KLEOPATRA IST AUCH FÜR IHRE SCHÖNHEIT BERÜHMT. WORIN SOLL SIE GEBADET HABEN?

A In Eselsmilch

B In Löwenmilch

C In Schneckenschleim

D In Schlamm

ANTWORT 95

Richtige Antwort: C

Halloween ist vor Hunderten von Jahren in Europa entstanden: Die Kelten, unsere Vorfahren, glaubten, dass in dieser Nacht der Tod besonders nah wäre. Um ihm zu entgehen, gaukelten sie ihm vor, schon gestorben zu sein: Sie verkleideten sich als Tote. Der Brauch blieb erhalten und besonders in Irland feierten die Menschen Halloween. Im 19. Jahrhundert wanderten viele Iren in die USA aus. Ihre Bräuche nahmen sie mit. Heute werden an Halloween nicht nur in den USA viele Gruselpartys gefeiert und Kinder ziehen verkleidet von Haus zu Haus, um die Nachbarn zu erschrecken und Süßigkeiten zu bekommen.

ANTWORT 96

Richtige Antwort: A

Kleopatra war eine mächtige Königin. Sie herrschte vor über 2.000 Jahren über Ägypten. Die reichen Ägypter pflegten sich damals mit Salben, schminkten sich und trugen Schmuck aus Gold und Edelsteinen. Kleopatra badete angeblich in Eselsmilch, weil das gut für die Haut sein soll.

FRAGE 97

TISCHMANIEREN SIND LÄNGST NICHT ÜBERALL AUF DER WELT GLEICH. WAS GILT IN CHINA ALS UNHÖFLICH?

A Am Tisch die Nase putzen

B Rülpsen

C Schlürfen

D Schmatzen

FRAGE 98

WARUM FÜHREN DIE WEIBLICHEN ELEFANTEN DIE HERDE AN UND NICHT DIE MÄNNLICHEN?

A Weil die Elefantenkühe besser zusammenarbeiten

B Weil die weiblichen Elefanten stärker sind

C Weil sie schlauer sind

D Weil die Elefantenbullen sehr ängstlich sind

ANTWORT 97

Richtige Antwort: A

In China ist es höflich, beim Essen zu schmatzen. Damit zeigt man, dass es einem gut schmeckt. Auch schlürfen, rülpsen und mit vollem Mund reden ist erlaubt. Wer dagegen am Tisch die Nase putzt, zeigt ziemlich schlechte Tischmanieren. Viel höflicher ist es, zum Naseputzen auf die Toilette zu gehen.

ANTWORT 98

Richtige Antwort: A

Um die Elefantenjungen kümmert sich die ganze Herde. Auch bei Gefahr arbeiten die Dickhäuter zusammen. Begegnet einer Herde zum Beispiel ein Rudel Löwen, versuchen die Chefin und ein paar andere erwachsene Elefanten, die Löwen zu vertreiben: Afrikanische Elefanten stellen dann ihre Ohren auf, um noch größer auszusehen, und manchmal trompeten sie auch. Die anderen erwachsenen Tiere treiben in der Zeit die Elefantenjungen zusammen und stellen sich im Kreis um sie herum. So sind die Elefantenkinder vor den Löwen gut geschützt. Nur im Notfall greifen die Elefanten an.

FRAGE 99

WAS IST KEINE FOLGE DES KLIMAWANDELS?

A Die Meere trocknen aus.

B Viele Pflanzen wachsen schlechter.

C Das Wasser der Meere steigt.

D Es kommt häufiger zu Sturmfluten, Wirbelstürmen und anderen Naturkatastrophen.

FRAGE 100

DIE FARBE SCHWARZ WURDE LANGE NUR ZU BEERDIGUNGEN GETRAGEN. WELCHE BERÜHMTE MODESCHÖPFERIN ÄNDERTE DAS?

A Coco Chanel

B Jil Sander

C Donatella Versace

D Klarabella Kuh

ANTWORT 99

Richtige Antwort: A

Durch den Klimawandel wird es auf der Erde immer wärmer, die Meere trocknen deshalb aber nicht aus. Im Gegenteil: Das Wasser steigt, denn die Gletscher und das Eis an Nord- und Südpol schmelzen. An anderen Orten verwandeln sich dagegen feuchte Gebiete in Wüsten. Durch die Veränderung verlieren Tiere und Pflanzen ihren Lebensraum. Und auch die Menschen leiden unter dem Klimawandel. Wenn nämlich zum Beispiel das Wasser der Meere ansteigt, werden Inseln und Küsten überschwemmt und die Einwohner verlieren ihr Zuhause.

ANTWORT 100

Richtige Antwort: A

Als junge Frau kam Coco Chanel Anfang des letzten Jahrhunderts nach Paris. Sie war Schneiderin und verdiente sich zusätzlich Geld als Sängerin dazu. Ihr Traum war ein eigenes Atelier, in dem sie selbst Mode entwerfen konnte. Als ihr ein Freund das Geld für so ein Atelier lieh, setzte sie ihren Traum in die Tat um. In ihrem Atelier entwarf sie einen ganz neuen Stil. Statt schwerer Stoffe und Verzierungen setzte sie auf schlichte Eleganz. Das berühmteste von ihr entworfene Kleidungsstück ist das „kleine Schwarze". Bis heute besitzen viele Frauen so ein schlichtes und elegantes schwarzes Kleid.

FRAGE 101

MANCHE WELLEN SIND GEWALTIG. WIE HOCH WAR DIE HÖCHSTE WELLE, AUF DER MAYA GABEIRA SURFTE?

A Etwa zwei Meter hoch

B Etwa zehn Meter, so hoch wie zwei Giraffen übereinander

C Etwa zwanzig Meter, so hoch wie ein fünfstöckiges Haus

D Etwa vier Meter hoch

FRAGE 102

UND WAS KANN DIE KINDERBUCHHELDIN MOMO BESONDERS GUT?

A Mathe

B Erfinden

C Zuhören

D Mit den Ohren wackeln

ANTWORT 101

Richtige Antwort: C

Maya Gabeira surfte 2018 eine Riesenwelle vor der Küste des Dorfs Nazaré in Portugal. Die Welle war so hoch wie ein fünfstöckiges Haus. Das ist ein Weltrekord: Keiner Frau vor ihr ist das je gelungen. Und dabei wäre Maya Gabeira ein paar Jahre zuvor im Meer vor Nazaré fast gestorben. Damals schlug eine Welle über ihr zusammen und zog sie unter Wasser. Sie brach sich mehrere Knochen unter den Wassermassen. Zum Glück wurde sie von einem anderen Surfer gerettet. Viele Menschen wären nach so einem Unfall vermutlich nie wieder nach Nazaré zurückgehrt. Nicht aber Maya Gabeira: Kaum war sie gesund, stieg sie am Strand von Nazaré wieder auf ihr Surfbrett.

SURF TIME

ANTWORT 102

Richtige Antwort: C

Das Mädchen Momo lebt in einer Ruine vor den Toren einer Stadt. Viele Menschen kommen sehr gern zu ihr, denn Momo kann besonders gut zuhören. Wer ihr etwas erzählt, hat schnell das Gefühl, etwas ganz Besonderes zu sein. Momo hat daher viele gute Freunde. Aber plötzlich besuchen sie Momo seltener, stattdessen arbeiten sie die ganze Zeit. Schuld daran sind ein paar fiese Zeitdiebe, die grauen Herren. Momo nimmt den Kampf gegen sie auf. Hilfe bekommt sie von einer Schildkröte. Der berühmte Autor Michael Ende hat die Geschichte 1973 geschrieben. Schildkröten waren seine Lieblingstiere.

FRAGE 103

WAS SIND COMPUTERVIREN?

A Kleine Tiere, die im Internet leben und dich krank machen können

B Programme, die Schaden auf deinem Rechner anrichten

C Die Teile, aus denen ein Computer besteht

D Programme, durch die dein Computer schneller wird

FRAGE 104

WAS KÖNNEN MANCHE PROFI-SKIFAHRER?

A Auf den Skispitzen stehen

B Saltos auf Skiern

C Ski-Stepptanz

D Fliegen

ANTWORT 103

Richtige Antwort: B

Durch Computerviren wird dein Rechner langsamer. Das ist aber längst nicht alles: Einige der kleinen Programme können auch deine Dateien zerstören, verändern oder löschen und sogar deinen ganzen Computer lahmlegen. Abwehren kannst du viele Viren mit einem Virenschutzprogramm: Sobald die Schädlinge deinen Rechner entern, werden sie von dem Programm gelöscht, also von deinem Rechner entfernt. Wichtig ist, das Programm regelmäßig zu aktualisieren. Computerviren stecken übrigens oft im Anhang von Spam-Mails, deshalb solltest du den nie anklicken.

ANTWORT 104

Richtige Antwort: B

Profi-Freestyle-Skifahrer drehen sich kopfüber in der Luft. Sie rasen eine steile Rampe hoch, springen ab und drehen dann einen Salto – oder gleich mehrere. Die Sprünge der Ski-Akrobaten sind spektakulär. Andere Freestyle-Skifahrer sausen über holprige Buckelpisten. Seit 1992 ist Freestyle-Skiing eine der sieben olympischen Wintersportarten.

FRAGE 105

WOMIT ESSEN MENSCHEN IN KEINEM LAND DER WELT?

A Mit den Händen

B Mit Stäbchen

C Mit Besteck

D Mit den Füßen

?!

!!

FRAGE 106

WER SCHMINKTE SICH IM ÄGYPTEN DER ANTIKE?

A Nur Frauen

B Nur Männer

C Männer und Frauen

D Nur Pharaonen

ANTWORT 105

Richtige Antwort: D

Mit den Füßen wird nirgends auf der Welt gegessen. Stäbchen gibts es zum Beispiel in China als Besteck. Das Essen wird dazwischen eingeklemmt, hochgehoben und zum Mund geführt. In Indien und ein paar anderen Ländern essen die Menschen mit den Händen. In Europa liegen Messer und Gabel neben den Tellern. Den Löffel gibt es überall auf der Welt, gebraucht wird er zum Beispiel für Suppe.

ANTWORT 106

Richtige Antwort: C

Ägypten war vor über 2.000 Jahren ein mächtiges Königreich. Regiert wurde es von einem Pharao, einem König, und manchmal auch von einer Königin. Der König war zugleich der höchste Priester. Es hieß, er könne mit den Göttern sprechen. Auch er schminkte sich, um den Göttern zu gefallen. Schminke war im alten Ägypten wichtig. Die reichen und vornehmen Ägypter malten ihre Augen, Wangen und Lippen an. Für die Augen nahmen sie eine Creme aus Fett, Ruß und anderen Mineralien, für die Lippen eine rotbraune Farbe aus Erde.

FRAGE 107

WER IST DER GRÖSSTE FAULPELZ UNTER DEN TIEREN?

A Das Faultier
B Der Koala
C Der Hund
D Der Siebenschläfer

FRAGE 108

BUNTE FEDERN, EINE SCHICKE MÄHNE ODER EIN RIESENGEWEIH – MANCHE TIERE MACHEN ZIEMLICH WAS HER. WER IST MEISTENS AUFFÄLLIGER, DIE MÄNNLICHEN ODER DIE WEIBLICHEN TIERE?

A Das kommt ganz drauf an...
B Die weiblichen Tiere
C Die männlichen Tiere
D Die Tierbabys sind am auffälligsten.

ANTWORT 107

Richtige Antwort: B

Der Koala verschläft bis zu 22 Stunden am Tag. So viel Schlaf braucht das australische Beuteltier, um seine Nahrung zu verdauen. Der Koala frisst vor allem Eukalyptusblätter. Die Blätter haben viele harte Fasern und enthalten auch noch Giftstoffe, die im Körper des Koalas abgebaut werden. Seine Leibspeise liegt dem Koala also ziemlich schwer im Magen.

ANTWORT 108

Richtige Antwort: C

In der Tierwelt fallen die männlichen Tiere häufig stärker auf. Bei den Hirschen haben zum Beispiel nur diese ein Geweih. Bei den Pfauen haben nur die Männchen lange Federn, die sie zu einem prächtig schillernden Rad aufstellen können. Das Pfauen-Männchen schlägt sein Rad aber nicht etwa aus Eitelkeit. Nein, mit dem Riesen-Fächer aus bunten Federn wirbt es um ein Weibchen. Und auch das Hirschgeweih dient dem Männchen dazu, ein Weibchen zu finden. Damit bekämpft es nämlich seine Rivalen.

FRAGE 109

IM MEER SCHWIMMT JEDE MENGE PLASTIKMÜLL. WIE GROSS IST DIE GRÖSSTE INSEL AUS MÜLL?

A So groß wie Deutschland
B So groß wie zehn Fußballfelder
C So groß wie hundert Limonadenflaschen nebeneinander
D Viermal so groß wie Deutschland

FRAGE 110

WER TRAUTE SICH, ZUM ERSTEN MAL EINE LÄNGERE STRECKE MIT EINEM AUTOMOBIL ZU FAHREN UND SO ZU BEWEISEN, DASS DIE ERFINDUNG WAS TAUGT?

A Der Erfinder des Benz-Patent-Motorwagens: Carl Benz
B Gottlieb Daimler, der den ersten Automotor mitentwickelte
C Die Frau des Automobil-Erfinders: Bertha Benz.
D Der berühmte Erfinder Daniel Düsentrieb

ANTWORT 109

Richtige Antwort: D

Der riesige Müllteppich schwimmt im Pazifik nördlich von Hawaii. Er besteht fast komplett aus Plastikmüll. Das liegt vor allem an der Haltbarkeit von Plastik: Bis es irgendwann zerfällt, dauert es mehrere hundert Jahre. Fische und andere Tiere verfangen sich in dem Müll oder verwechseln kleine Plastikteilchen mit Futter. Der Kunststoff verklebt dann ihre Mägen und sie sterben. Der Plastikmüll wird von Flüssen ins Meer getragen, von den Stränden ins Meer gespült oder auch zum Beispiel von Schiffen aus ins Meer geworfen.

ANTWORT 110

Richtige Antwort: C

An einem frühen Morgen im Jahr 1888 bestiegen Bertha Benz und ihre Söhne Eugen und Richard das erste Automobil der Welt. Sie wollten 90 Kilometer weit nach Pforzheim fahren und dort Verwandte besuchen. So eine weite Strecke mit dieser merkwürdigen ratternden Kutsche zurückzulegen, die gar nicht von Pferden gezogen wurde, war nicht erlaubt. Aber davon ließen sich die drei nicht abhalten. Immer wieder hielten sie an, um in einer Apotheke Haushaltsbenzin zu kaufen. Das füllten sie in den Tank. Danach konnte es weitergehen. Verstaubt und müde erreichten sie am Abend ihr Ziel. Sie hatten es geschafft. Durch die Fahrt wuchs das Vertrauen der Menschen in das Automobil.

FRAGE 111

ALS XIAN ZHANG ZUM ERSTEN MAL EIN GROSSES ORCHESTER DIRIGIEREN SOLLTE, LACHTEN EINIGE MUSIKER ÜBER SIE. WIE REAGIERTE XIAN ZHANG?

A Sie fing an zu weinen.

B Sie bekam einen Wutanfall.

C Sie lächelte und begann eilig zu dirigieren.

D Sie guckte ernst, hob ihren Taktstock und wartete.

FRAGE 112

IN EINEM BERÜHMTEN BUCH VON LEWIS CAROLL FOLGT DIE HAUPTFIGUR ALICE EINEM WEISSEN KANINCHEN IN EIN WUNDERLAND. WAS LERNT SIE DORT?

A Zaubern

B Fußballspielen

C Einen Nicht-Geburtstag feiern

D Mit Tieren sprechen

ANTWORT 111

Richtige Antwort: D

Xian Zhang studierte schon mit 16 Jahren das Dirigieren. Als sie zwanzig war, sollte sie zum ersten Mal ein Orchester anleiten. Die Musiker aber nahmen Xian Zhang nicht ernst, weil sie so klein und so jung war. Außerdem sind die meisten Dirigenten Männer. Als Xian Zhang am Tag der Aufführung an das Dirigenten-Pult trat, kicherten ein paar Musiker. Xian Zhang ließ sich davon aber nicht durcheinanderbringen. Sie wartete einfach mit erhobenem Taktstock und ernstem Gesicht, bis alle still waren. Dann begann sie mit dem Dirigieren, und das klappte sehr gut. Heute gehört Xian Zhang zu den wenigen erfolgreichen Dirigentinnen der Welt.

ANTWORT 112

Richtige Antwort: C

Ein Nicht-Geburtstag ist eine ziemlich gute Sache, findet das Mädchen Alice. Schließlich kann er viel häufiger gefeiert werden als ein Geburtstag, nämlich an allen Tagen im Jahr, außer natürlich am Geburtstag. Die Geschichte von Alice hat sich der englische Autor Lewis Carroll vor über 150 Jahren ausgedacht. „Alice im Wunderland" wurde verfilmt und in sehr viele verschiedene Sprachen übersetzt. Noch heute sind Kinder auf der ganzen Welt begeistert von den Abenteuern des mutigen Mädchens.

FRAGE 113

WARUM GIBT ES EXTRA SUCHMASCHINEN FÜR KINDER?

A Weil Kinder Suchmaschinen für Erwachsene nicht verstehen

B Weil Kindersuchmaschinen die Nutzer nicht ausspionieren

C Zum Spaß

D Weil die anderen Suchmaschinen keine Kinderseiten finden

FRAGE 114

EINEN FUSSBALL KENNT WOHL JEDER. ABER WOMIT WIRD BEIM EISHOCKEY GESPIELT?

A Mit einer Bowlingkugel

B Mit einem Puck

C Mit einem Medizinball

D Mit einem Softball

ANTWORT 113

Richtige Antwort: B

Die größte Suchmaschine der Welt ist Google. Jede Sekunde verarbeitet sie Zehntausende Anfragen. Google merkt sich, wonach die Nutzer suchen und kennt sie daher ziemlich gut. Deshalb kann Google ihnen passende Werbung zeigen, die besonders zum Kaufen verführt. Kindersuchmaschinen wie www.helles-koepfchen.de spionieren dich nicht aus. Außerdem zeigen sie dir beispielsweise keine superkompliziert geschriebenen Internetseiten an, sondern nur solche, mit denen du auch was anfangen kannst.

ANTWORT 114

Richtige Antwort: B

Der Puck ist eine schwarze Scheibe aus hartem Gummi. Die Spieler der beiden Eishockey-Mannschaften jagen auf Schlittschuhen übers Eis und versuchen, den Puck mit ihren Schlägern ins Tor des Gegners zu schießen. Eine Mannschaft hat einen Torwart, zwei Verteidiger und drei Stürmer. Die Mannschaft mit den meisten Toren gewinnt.

FRAGE 115

DAS NEUE JAHR WIRD IN VERSCHIEDENEN LÄNDERN UNTERSCHIEDLICH BEGRÜSST. WELCHEN BRAUCH GIBT ES NICHT?

A Ein Rad schlagen
B Über Feuer springen
C Sich als Tannenbaum verkleiden
D Raketen in die Luft schießen

FRAGE 116

WAS TRUGEN VORNEHME MÄNNER IM 18. JAHRHUNDERT?

A Löwenfelle und Kettenhemden
B Strumpfhosen, hohe Absätze und Perücken
C Jeans und T-Shirt
D Kleider und Lackschuhe

ANTWORT 115

Richtige Antwort: A

Nicht in allen Ländern beginnt das neue Jahr am 1. Januar. Im Iran wird Silvester zum Beispiel im März gefeiert. Kinder kriegen dann neue Kleider und junge Leute springen über Lagerfeuer. Das soll Glück bringen. In vielen Ländern werden Raketen in die Luft geschossen, um das neue Jahr zu begrüßen. Einen nadeligen Brauch gibt es in einigen Regionen der Schweiz: Hier stapfen Menschen als Tannenbaum verkleidet von Haus zu Haus. Das sind die Silvesterkläuse. Durch Radschlagen zelebriert man allerdings in keinem Land den Jahreswechsel.

ANTWORT 116

Richtige Antwort: B

Die europäische Mode kam im 18. Jahrhundert aus Paris. Was die feine Gesellschaft am Königshof von Versailles trug, war modern. Die vornehmen Herren kleideten sich in eine Weste, einen Rock und eine Kniehose. Darunter trugen sie ein Hemd und Strumpfhosen. Damit die nicht rutschten, befestigten sie Strumpfhalter daran. Ihre Haare oder ihre Perücke bestreuten sie mit Haarpuder, meist feinem Mehl. Damit das gut hielt, schmierten sie sich vorher eine fettige Creme auf die Haare oder die Perücke.

FRAGE 117

GANZ IM NORDEN AMERIKAS LIEGT ALASKA. DORT GIBT ES EIN PAAR UNGEWÖHNLICHE GESETZE. WELCHES VERBOT GIBT ES ABER NICHT?

A Das Verbot, einen schlafenden Bären zu wecken, um ein Foto von ihm zu machen

B Das Verbot, einen Elch aus dem Flugzeug zu schubsen

C Das Verbot, einen Elch betrunken zu machen

D Das Verbot, mit einem Elch in ein Restaurant zu gehen

FRAGE 118

EIN SCHNEELEOPARD KANN ZIEMLICH GUT SPRINGEN – WIE WEIT KOMMT ER?

A Zwei Meter

B Neun Meter – etwas weiter als die besten Weitspringer der Welt

C Fünf Meter

D Sechzehn Meter – so weit, wie ein großer Bus lang ist

ANTWORT 117

Richtige Antwort: A

Alaska liegt nah am Nordpol. In dem amerikanischen Bundesstaat leben nur wenige Menschen. Dafür sind hier viele Tiere zu Hause, darunter auch Elche und Bären. Ein Selfie mit einem Bären ist natürlich auch eine schlechte Idee, wenn der Bär wach ist. Immerhin kann der Bär das Fotografieren leicht als Bedrohung verstehen und angreifen. Jedes Jahr passieren Unfälle, weil Menschen beim Fotografieren unvorsichtig sind.

ANTWORT 118

Richtige Antwort: D

Der Schneeleopard lebt in den zentralasiatischen Hochgebirgen, wo zum Teil Minusgrade bis minus 40 Grad herrschen. Von allen Raubkatzen springt er am weitesten. Er soll selbst über 16 Meter breite Gletscherspalten springen können. Gemessen an der Körpergröße ist aber nicht der Schneeleopard der größte Weitspringer unter den Tieren, sondern der winzige Floh. Er springt nämlich 200 Mal so weit, wie er lang ist. Der Schneeleopard, der vom Po bis zu den Ohren 1,30 Meter misst, müsste 260 Meter schaffen, wollte er seinen winzigen Konkurrenten übertreffen.

FRAGE 119

WELCHE DIESER BERÜHMTEN PIRATINNEN BEFEHLIGTE DIE GRÖSSTE PIRATENFLOTTE ALLER ZEITEN?

A Anne Bonny
B Grace O'Malley
C Mary Read
D Witwe Cheng

FRAGE 120

WAS UNTERNAHM DIE RUSSISCHE ZARIN KATHARINA DIE GROSSE, UM AN DIE MACHT ZU KOMMEN?

A Sie bat ihren Mann Zar Peter III, ihr den Thron zu überlassen.

B Wieso? Als einzigem Kind von Kaiserin Elisabeth I. von Russland stand ihr der Thron zu.

C Sie hielt eine flammende Rede und überzeugte so die Soldaten, dass sie eine bessere Herrscherin wäre als ihr Mann Zar Peter III.

D Sie versprach den anderen Adeligen, sie mit Reichtum zu überschütten, sollte sie Zarin werden.

ANTWORT 119

Richtige Antwort: D

Die chinesische Piratin Cheng I Sao kommandierte die größte Piratenflotte, die es jemals gab. Sie war die Chefin von 7.000 Piraten auf 100 Schiffen. Damit beherrschte sie eine Zeit lang die Küste vor Kanton im südchinesischen Meer. Heute leben in der Stadt, die inzwischen Guangzhou heißt, rund elf Millionen Menschen.

ANTWORT 120

Richtige Antwort: C

Bevor Katharina die Große russische Zarin wurde, hieß sie Sophie Auguste Friederike von Anhalt-Zerbst. Die deutsche Fürstentochter wurde mit 16 Jahren verheiratet. Ihren Mann Zar Peter III. konnte sie nicht leiden. Außerdem wollte sie lieber selbst regieren. Und das gelang ihr auch: Sie brachte die wichtigen Männer des Hofs hinter sich und wurde schließlich zur Zarin gekrönt. Ihre Krone war überaus prächtig: Sie war aus Gold, Silber, Perlen, einem großen Rubin und Tausenden Diamanten. Unter der Herrschaft von Katharina der Großen wuchs das russische Reich und wurde zur Weltmacht.

FRAGE 121

MADONNA IST DIE QUEEN OF POP. WIE VIELE CDS, PLATTEN UND ANDERE TONTRÄGER HAT SIE WELTWEIT BISHER VERKAUFT?

A Rund 1 Million

B Rund 5 Millionen

C Rund 1 Billion

D Über 300 Millionen

FRAGE 122

WELCHES TIER BEGLEITET DIE KLEINE HEXE AUS DEM KINDERBUCH „DIE KLEINE HEXE" VON OTFRIED PREUSSLER?

A Ein Pferd

B Eine Katze

C Ein Rabe

D Eine Fledermaus

ANTWORT 121

Richtige Antwort: D

Madonna ist die erfolgreichste Sängerin der Welt: Sie hat mehr Platten und CDs verkauft als jede andere. Zum Popstar wurde sie 1983. Damals war sie 25 Jahre alt und hatte schon ein paar ziemlich mutige Sachen gemacht. Mit 20 Jahren ist sie zum Beispiel nach New York gezogen, um berühmt zu werden – mit nur 30 Dollar in der Tasche, also rund 26 Euro. Tagsüber arbeitete sie als Kellnerin, nachts sang sie in Clubs. Sie war sehr ehrgeizig und gab nicht auf, wenn etwas nicht klappte. Eines Tages bekam sie dann ihren ersten Plattenvertrag. Ein Song aus dem Album schaffte es direkt in die Charts.

LALALALA

ANTWORT 122

Richtige Antwort: C

Der Rabe der kleinen Hexe heißt Abraxas. Er ist sehr klug und seine Tipps kann die kleine Hexe gut gebrauchen. Sie wünscht sich nämlich nichts mehr auf der Welt, als mit den großen Hexen in der Walpurgisnacht um den Blocksberg zu fliegen. Das darf sie aber nur, wenn sie bis dahin eine gute Hexe geworden ist. Eine ziemlich große Aufgabe für die kleine Hexe, denn bisher geht beim Hexen noch eine ganze Menge schief. Aber davon lässt sie sich natürlich nicht abhalten. Die Geschichte hat sich der berühmte Autor Otfried Preußler 1957 für seine Kinder ausgedacht.

FRAGE 123

„DIE SIMS“ SIND EIN SUPERERFOLGREICHES COMPUTERSPIEL. WELCHEN BERUF GIBT ES BEI „DIE SIMS“ NICHT?

A Diamanten-Agent
B Interstellarer Schmuggler
C Schurke
D Alien-Flüsterer

FRAGE 124

WAS IST KEINE KAMPFSPORTART?

A Taichi
B Judo
C Yoga
D Karate

ANTWORT 123

Richtige Antwort: D

In „Die Sims 4" gibt es jede Menge neue Berufe. Bei jedem Beruf wählst du zwischen zwei Alternativen: Als Astronaut kannst du zum Beispiel mit Alien-Sachen handeln. Dann bist du Interstellarer Schmuggler. Oder du erkundest den Weltraum als Ranger. Wenn du Geheimagent wirst, entscheidest du dich zwischen gut und böse: Entweder wirst du Schurke und ärgerst andere Sims oder aber du jagst Schurken als Diamanten-Agent.

ANTWORT 124

Richtige Antwort: C

Die Kampfsportarten Taichi, Judo und Karate sind schon viele Hunderte Jahre alt. Taichi hat sich in China entwickelt, die Kampfkünste Judo und Karate kommen aus Japan. In beiden Ländern haben früher nur Krieger Kampfkünste gelernt. In Japan hießen sie Samurai. Die Samurai-Ritter kämpften mit dem Schwert. Das Schwert zu verlieren, war für sie schlimmer, als zu sterben. Die aus Indien stammende Yogalehre ist hingegen keine Kampfkunst.

FRAGE 125

IM LAUF DER ZEIT WAREN VERSCHIEDENE TIERE FÜR DAS OSTEREIER VERSTECKEN ZUSTÄNDIG. WELCHES TIER HATTE NIE DAMIT ZU TUN?

A Der Fuchs
B Der Hase
C Der Kuckuck
D Das Schaf

FRAGE 126

WAS GALT IM 17. JAHRHUNDERT EINE ZEIT LANG ALS BESONDERS SCHÖN?

A Eine Glatze
B Ein geflochtener Bart
C Kleine Füße
D Ein dicker Po

ANTWORT 125

Richtige Antwort: D

Das Schaf hat mit den Ostereiern nichts zu tun. Ganz anders als der Kuckuck und der Fuchs. Der Kuckuck soll eine Zeit lang in einigen Regionen der Schweiz die Ostereier versteckt haben. Der Fuchs war für die Ostereier vor über 100 Jahren in der deutschen Region Westfalen zuständig. Heute bringt überall nur noch der Osterhase die Ostereier.

ANTWORT 126

Richtige Antwort: D

Was als schön angesehen wird, ändert sich im Lauf der Zeit und ist auch in verschiedenen Ländern unterschiedlich. Zu Beginn des 17. Jahrhunderts galten in Belgien und den Niederlanden füllige Frauen als schön. Peter Paul Rubens ist ein berühmter Maler dieser Zeit. Die Frauen auf seinen Ölgemälden sind üppig. Etwas dickere Frauen werden deshalb auch Rubensfrauen genannt.

FRAGE 127

WO SOLL DAS UNGEHEUER LOCH NESS ZU HAUSE SEIN?

A In der Elbe

B Im Mittelmeer

C In den Abwasserkanälen von London

D Im See Loss Ness

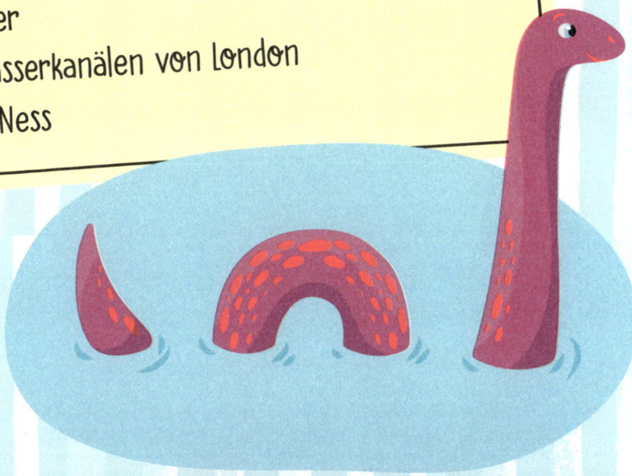

FRAGE 128

ANGREIFEN, WEGSCHLÄNGELN, SICH VERSTECKEN – WAS MACHT DIE RINGELNATTER BEI GEFAHR?

A Angriff!

B Sie kriecht davon, so schnell sie kann.

C Sie versteckt sich.

D Sie stellt sich tot.

ANTWORT 127

Richtige Antwort: D

Der See Loch Ness liegt im Norden Schottlands. Er ist mit rund 230 Metern ungewöhnlich tief. 1933 wurde in einer schottischen Zeitung berichtet, dass ein Ungeheuer aus dem See aufgetaucht sei. Seither wird nach Nessie gesucht. Bisher ohne Erfolg. Vermutlich gibt es das Seeungeheuer also nicht. Ganz sicher ist das aber nicht. Sollte es doch mal auftauchen, haben die Schotten jedenfalls vorgesorgt: Sie haben ein Gesetz erlassen, dass Nessie unter Naturschutz stellt.

ANTWORT 128

Richtige Antwort: D

Tiere haben viele verschiedene Strategien, um ihren Feinden zu entkommen: Einige sind besonders schnell und ausdauernd und laufen davon, andere können sich sehr gut verstecken. Wieder andere tricksen ihre Feinde aus. Zu ihnen gehört die Ringelnatter, die vor allem in Europa und Asien lebt. Ist ihr zum Beispiel eine Wildkatze gefährlich nah gekommen, dreht sie sich auf den Rücken. So liegt sie völlig schlaff und mit offenem Maul da. Die Wildkatze soll sie für tot halten. Dann wird ihr der Appetit auf die Ringelnatter vergehen, denn Wildkatzen fressen keine toten Tiere.

FRAGE 129

SEIT 1968 GIBT ES AUCH EINEN NOBELPREIS IN WIRTSCHAFTSWISSENSCHAFT. RUND 80 MÄNNER WURDEN BISHER AUSGEZEICHNET. WIE VIELE FRAUEN ERHIELTEN DEN PREIS?

A Eine

B Zehn

C Hundert

D Fünfeinhalb

FRAGE 130

FRAUEN, DIE FRAUEN LIEBEN, WERDEN LESBIERINNEN NACH DER GRIECHISCHEN INSEL LESBOS GENANNT. WARUM?

A Weil dort alle Frauen mit anderen Frauen zusammenleben.

B Weil das die Heimatinsel der berühmten griechischen Dichterin Sappho war, die in ihren Gedichten die Liebe zwischen Frauen besang.

C Weil sich dort zum ersten Mal eine Frau in eine andere Frau verliebt hat.

D Zufall!

ANTWORT 129

Richtige Antwort: A

Die Amerikanerin Elinor Ostrom erhielt 2009 als erste und bisher einzige Frau den Nobelpreis für Wirtschaft. Sie hat sich damit beschäftigt, wie knappe Güter am besten verteilt werden können. Der Nobelpreis für Wirtschaft ist eigentlich gar kein richtiger Nobelpreis, denn der Gründer des Preises, der Erfinder Alfred Nobel, wollte in dem Bereich keinen Preis vergeben. Er konnte die Wirtschaftswissenschaft nicht ausstehen. Der Preis wird so auch nicht vom Nobelpreiskomitee verliehen, sondern von der schwedischen Reichsbank.

ANTWORT 130

Richtige Antwort: B

Vor über 2500 Jahre lebte Sappho. Sie war die größte Dichterin dieser Zeit, die Antike genannt wird. Ihre Heimat war die griechische Insel Lesbos. Dort unterrichtete sie Mädchen in Musik, Gesang, Tanz und Dichtung. Wenn die Mädchen damals heirateten, konnten sie ihre Freundschaften nicht weiterführen. In ihren Gedichten erinnert Sappho an die liebevollen Beziehungen zwischen den Mädchen. Sie schrieb neun Bücher. Leider ging das meiste im Lauf der Jahrhunderte verloren. Nur Bruchteile ihrer Gedichte sind bis heute erhalten.

FRAGE 131

MERRITT MOORE IST PROFI-BALLERINA. WELCHEN BERUF HAT SIE AUSSERDEM?

A Keinen
B Ballettlehrerin
C Sängerin
D Physikerin

FRAGE 132

WIE HEISST DER BESEN VON BIBI BLOCKSBERG?

A Franz
B Kartoffelbrei
C Spinatschleuder
D Feuerblitz

ANTWORT 131

Richtige Antwort: D

Seit ihrer ersten Tanzstunde mit 13 Jahren liebte Merritt Moore das Tanzen. Und sie liebte es, über Matheaufgaben zu knobeln. Mit 17 Jahren hatte sie dann zum ersten Mal Physik. Sie war begeistert von all den ungelösten Rätseln und wollte Physikerin werden. Die Erwachsenen rieten ihr, sich zu entscheiden. Entweder Physik oder Ballett. Deshalb versuchte Merritt Moore, mit dem Tanzen aufzuhören, aber das gelang ihr nicht. Sie liebte das Tanzen einfach zu sehr. Also schlug sie die Zweifel der Erwachsenen in den Wind und machte beides: Sie studierte Physik und wurde gleichzeitig Tänzerin.

ANTWORT 132

Richtige Antwort: B

Bibi hat ihren Besen Kartoffelbrei genannt, weil das ihr Lieblingsessen ist. Kartoffelbrei ist noch ein junger Besen, deshalb geht beim Fliegen auch mal was schief. Trotzdem ist Bibi auf Kartoffelbrei schon ziemlich weit geflogen. Einmal sogar bis nach Mallorca. Die Autorin Elfie Donnelly hat Bibi im Jahr 1970 erfunden. Tina lernt Bibi übrigens erst in Folge 43 kennen. Seit 1991 erleben die beiden besten Freundinnen zusammen Abenteuer.

FRAGE 133

WIE HIESS DER ERSTE COMPUTER?

A Spock
B R2D2
C Z3
D Schlupp

FRAGE 134

WIE LAUTET DAS MOTTO DER OLYMPISCHEN SPIELE?

A Sport ist Mord.
B Höher, schneller, stärker
C Die Ersten werden die letzten sein
D Wer zuerst kommt, mahlt zuerst

ANTWORT 133

Richtige Antwort: C

Der Ingenieur Konrad Zuse ist der Erfinder des Computers. Zuse arbeitete bei einer Firma, die Flugzeuge baute. Sein Beruf war es, auszurechnen, ob die Flugzeuge halten würden. Um weniger rechnen zu müssen, erfand Konrad Zuse zwischen 1936 und 1941 eine Maschine, die das für ihn erledigte. Sie war so groß wie drei Kühlschränke und langsamer als jeder Taschenrechner heutzutage, aber vor allem war sie eins: der erste Computer. Konrad Zuse nannte ihn Z3.

ANTWORT 134

Richtige Antwort: B

Pierre de Coubertin hat das Motto vorgeschlagen. Er war es auch, der die Spiele Ende des 19. Jahrhunderts nach über 2.000 Jahren wieder aufleben ließ. Bei den ursprünglichen Olypischen Spielen des Altertums haben sich Sportler aus allen Teilen des alten Griechenlands bei den Olympischen Spielen getroffen. Vor den Wettkämpfen wurde eine Fackel angezündet. Ab dem Moment und für die Dauer der Spiele sollte Frieden herrschen. Auch heute sind die Olympischen Spiele ein Sportfest, bei dem sich die Sportler in Frieden begegnen und fair kämpfen sollen.

FRAGE 135

DIE CHINESISCHE MAUER WURDE VOR ÜBER 2.000 JAHREN GEBAUT. WIE LANG IST SIE?

A Knapp 800 Kilometer lang und damit etwa so lang wie von Hamburg nach München.

B Über 8.800 Kilometer lang und damit etwa so lang wie von Nord- nach Südafrika, also einmal durch den zweitgrößten Kontinent der Welt.

C Knapp 45 Kilometer lang – so lang wie einmal quer durch London.

D Etwa 1,30 Meter lang.

FRAGE 136

WORAUS BESTEHT DEIN KÖRPER ZU ZWEI DRITTELN?

A Aus Blut

B Aus Knochen

C Aus Muskeln

D Aus Wasser

ANTWORT 135

Richtige Antwort: B

Die Chinesische Mauer ist rund 8.850 Kilometer lang. Damit ist sie das größte Bauwerk der Welt. Errichtet wurde sie, um das chinesische Kaiserreich vor Feinden zu schützen. Das Bauen hat viele hundert Jahre gedauert. Die Mauer ist sechs Meter breit und an manchen Stellen mit bis zu 16 Metern so hoch wie ein vierstöckiges Haus.

ANTWORT 136

Richtige Antwort: D

Der menschliche Körper besteht zum Großteil aus Wasser. Davon verliert der Mensch jeden Tag etwa einen Liter, also so viel, wie in eine Flasche Wasser passt. Das passiert durchs Schwitzen, Atmen, und auch auf der Toilette verlierst du Flüssigkeit. Deshalb ist es lebenswichtig, genug zu trinken. Wenn du Sport treibst oder viel schwitzt, trinkst du am besten besonders viel, um die verlorene Flüssigkeit wieder aufzunehmen.

FRAGE 137

WO WURDE DAS SPEISEEIS ERFUNDEN?

A In Italien
B In China
C In Deutschland
D In Frankreich

FRAGE 138

KAISERPINGUINE SIND IN DER EISIGEN ARKTIS ZU HAUSE. WIE SCHÜTZEN SIE IHRE EIER VOR DEM ERFRIEREN?

A Sie halten sie über ein Feuer.
B Sie tragen sie unter den Flügeln
C Sie halten die Eier in die Sonne.
D Sie balancieren sie auf ihren Füßen.

ANTWORT 137

Richtige Antwort: B

Schon vor Tausenden Jahren wurde in China Eis hergestellt. Das erste Eis bestand aus Schnee oder Natureis mit Honig und Früchten. Eis war früher auch eine Medizin. Ärzte behandelten Krankheiten damit, Bauchschmerzen zum Beispiel. Heute ist Eis auf der ganzen Welt beliebt. In Europa essen die Menschen in Estland besonders gern Eis: Pro Jahr verspeist hier ein Einwohner im Schnitt immerhin rund 12,5 Kilogramm, das sind rund 180 Eiskugeln im Jahr.

ANTWORT 138

Richtige Antwort: D

Kaiserpinguine sind die größten Pinguine der Welt. Sie werden bis zu 1,30 Meter groß. Bei ihnen brütet das Männchen die Eier aus. Nachdem das Weibchen das Ei gelegt hat, rollt das Männchen es auf seine Füße und stülpt seinen warmen Bauch darüber. Wochenlang rührt es sich jetzt kaum vom Fleck, damit das Ei nicht auf das Eis rollt. Die Mutter jagt in der Zeit. Das dauert lang, da das Meer im Winter an der Küste zugefroren ist. Der Weg zum Meer ist also weit. Nach vielen Wochen schlüpft das Junge. Kurz darauf kehrt die Mutter zurück und füttert ihren Nachwuchs mit Fisch.

FRAGE 139

BESONDERS IN FRANKREICH WIRD JOHANNA VON ORLÉANS ALS HELDIN VEREHRT. WER WAR SIE?

A Eine Astronautin

B Die Erfinderin des Croissants

C Der erste weibliche Popstar

D Eine Kriegerin

FRAGE 140

ANN MAKOSINSKI ZÄHLT MOMENTAN ZU DEN BESTEN JUNGEN ERFINDERINNEN. WAS HAT SIE ERFUNDEN?

A Eine Taschenlampe, die allein dank der Wärme des Körpers leuchtet

B Die Glühbirne

C Eine Zeitreisemaschine

D Das Handy

ANTWORT 139

Richtige Antwort: D

Johanna von Orléans lebte vor über 600 Jahren während des Hundertjährigen Krieges. Damals versuchte England, Frankreich zu besetzen. Als die Engländer die Franzosen fast besiegt hatten, zog Johanna von Orléans an der Spitze der Soldaten in die Schlacht. Damals war sie gerade 17 Jahre alt. In nur zwei Monaten gelang es ihr, die Engländer aus dem Süden Frankreichs zu vertreiben. Noch heute wird Johanna von Orléans in Frankreich als Heldin verehrt.

ANTWORT 140

Richtige Antwort: A

Ann Makosinski mochte es schon immer, Geräte auseinanderzunehmen und wieder zusammenzusetzen. Mit 15 Jahren hatte sie die Idee für ihre erste große Erfindung. Damals schrieb ihr ihre philippinische Brieffreundin, dass sie nach Sonnenuntergang nicht mehr lernen könne, weil sie kein Licht hätten. Ann Makosinski überlegte, wie sie ihrer Freundin helfen könnte, und erfand eine besondere Taschenlampe: Sie ist hohl und leuchtet allein durch die Wärme des Köpers. Mit ihrer Erfindung gewann sie einen großen Technik-Wettbewerb und wurde sehr bekannt.

FRAGE 141

MIT WEM FREUNDET SICH DIE HAUPTFIGUR RONJA AUS DEM BUCH „RONJA RÄUBERTOCHTER" AN?

A Mit einem Pferd

B Mit dem Sohn einer verfeindeten Räuberbande

C Mit einem weißen Kaninchen

D Mit den Nachbarskindern Annika und Thomas

hello

FRAGE 142

WAS SIND FAKE-NEWS?

A Absichtlich verbreitete Falschmeldungen im Internet und in anderen Medien

B Wichtige Nachrichten

C Ein Gewinnspiel im Internet

D Neuigkeiten von Stars

ANTWORT 141

Richtige Antwort: B

Ronja Räubertochter freundet sich ausgerechnet mit Birk an. Sein Vater Borka ist der größte Feind von Ronjas Vater, Räuberhauptmann Mattis. Ihre Freundschaft halten Ronja und Birk deshalb geheim. Aber dann nimmt Mattis Birk gefangen, um die Räuberbande von Borka ein für alle Mal zu vertreiben. Das kann Ronja nicht zulassen. Sie hilft Birk und zieht mit ihm in den Mattiswald. „Ronja Räubertochter" hat sich die berühmte Autorin Astrid Lindgren ausgedacht.

ANTWORT 142

Richtige Antwort: A

Nicht alles, was im Internet oder anderen Medien steht, ist wahr. Jeder kann zum Beispiel in einem sozialen Netzwerk etwas behaupten, was gar nicht stimmt. Deshalb ist es wichtig, Nachrichten zu prüfen und sie nicht einfach blauäugig zu glauben und dann zu liken oder weiterzuleiten. Denn wenn das viele Leute machen, verbreitet sich eine Lüge nämlich rasend schnell. Vielleicht druckt dann irgendwann sogar eine Zeitung die Falschmeldung, weil sie nicht geprüft hat, ob die Nachricht wahr ist. Und dann glauben noch mehr an die Lüge.

FRAGE 143

DER RUSSISCHE KOMPONIST TSCHAIKOWSKY HAT BERÜHMTE BALLETTE GESCHRIEBEN. WELCHES GEHÖRT NICHT DAZU?

A Schwanensee
B Der Nussknacker
C Dornröschen
D Cinderella

FRAGE 144

BESONDERS HOHE HOCHHÄUSER WERDEN WOLKENKRATZER GENANNT. WIE HOCH IST DER HÖCHSTE WOLKENKRATZER DER WELT?

A 100 Meter hoch
B 314 Meter hoch
C 4.002 Meter hoch
D 828 Meter hoch

ANTWORT 143

Richtige Antwort: D

Heute sind „Schwanensee", „Der Nussknacker" und „Dornröschen" berühmte Ballette und Peter Iljitsch Tschaikowsky ist ein berühmter Komponist. Das war nicht immer so. Die erste Aufführung von „Schwanensee" war sogar ein ziemlicher Reinfall. Kein Wunder, denn schwierige Teile seiner Musik hatte man einfach rausgeschmissen und durch andere Musik ersetzt. Richtig erfolgreich wurde Tschaikowsky erst ganz am Ende seines Lebens.

ANTWORT 144

Richtige Antwort: D

Der Wolkenkratzer Burj Khalifa hat mehr als 200 Stockwerke und ist etwa so hoch wie 80 Häuser übereinander. Er steht in der Stadt Dubai in den Vereinigten Arabischen Emiraten. Damit das höchste Gebäude der Welt nicht umkippt, verankern es Pfähle im Boden – die Pfähle reichen bis zu 70 Meter tief in die Erde.

FRAGE 145

WIE VIELE STÜCKE WÜRFELZUCKER STECKEN IN ETWA IN EINEM GLAS COLA?

A Keins

B Zwei Stücke

C Sieben Stücke

D Zwölf Stücke

FRAGE 146

WAS KÖNNEN ALBATROSSE IM FLUG?

A Telefonieren

B Schlafen

C Ihre Jungen versorgen

D Ein Nest bauen

ANTWORT 145

Richtige Antwort: D

In einem großen Glas Cola stecken bis zu zwölf Stück Würfelzucker. Das ist zu viel. Höchstens acht Stück sollte ein Kind nämlich pro Tag zu sich nehmen, um nicht dick und krank zu werden. Mit einem Glas Cola ist die Grenze also schon überschritten. Ein Glas Apfelsaft ist übrigens nicht viel besser als Cola, denn dort sind etwa sieben Stück Würfelzucker. Wer auf Saft nicht verzichten will, sollte ihn also zumindest mit Wasser verdünnen.

ANTWORT 146

Richtige Antwort: B

Albatrosse können sehr lange Strecken fliegen. Auf der Suche nach Krebsen und anderer Nahrung segeln sie manchmal wochenlang über die Ozeane. Wenn sie müde sind, schlafen sie einfach in der Luft. Das können übrigens auch viele andere Vögel. Sie schlummern im Flug allerdings deutlich kürzer als an Land.

FRAGE 147

SEIT WANN GIBT ES DAS INTERNET?

A Seit rund hundert Jahren
B Seit rund fünfzig Jahren
C Seit rund zehn Jahren
D Seit letzter Woche

FRAGE 148

WAS IST AUCH DER NAME EINES SCHWIMMSTILS?

A Schmetterling
B Hai
C Seepferdchen
D Elefant

ANTWORT 147

Richtige Antwort: B

Der Informatiker Paul Baran und der Physiker Donald Watts Davies entwickelten in den 60er-Jahren zusammen mit anderen Wissenschaftlern den ersten Vorläufer des Internets: das Arpanet. Sie tüftelten im Auftrag des amerikanischen Militärs. Das Militär suchte nach einer Möglichkeit, seine Computer zu schützen. Bis dahin brauchte ein Feind nämlich nur eine der Zentralen zu zerstören und schon funktionierte kaum noch etwas und geheime Nachrichten konnten nicht mehr ausgetauscht werden.

ANTWORT 148

Richtige Antwort: A

Schmetterling ist der Name eines Schwimmstils. Früher hieß er auch mal Delfin-Stil. Der Schwimmer dreht beide Arme gleichzeitig am Kopf vorbei wie Räder und paddelt mit den Beinen. Der Stil ähnelt also dem Kraulen, dem schnellsten aller Schwimmstile.

FRAGE 149

DIE HÖCHSTE BRÜCKE DER WELT FÜHRT ÜBER EINE SCHLUCHT. WIE VIELE METER SIND ES BIS ZUM TAL?

A 157 Meter – so weit wie von der Spitze des Kölner Doms zum Boden

B 459 Meter

C 10 Meter

D 565 Meter

FRAGE 150

WELCHE ZUTAT WIRD NICHT IN MASKEN ODER CREMES FÜR DIE HAUT VERWENDET?

A Gold

B Schokolade

C Bienengift

D Brennnesseln

WOW!

ANTWORT 149

Richtige Antwort: D

Die Beipanjiang-Brücke ist etwa eineinhalb Kilometer lang und führt über eine 565 Meter tiefe Schlucht in China. Der Bau der höchsten Brücke der Welt hat drei Jahre gedauert. 2016 wurde die Brücke fertig. Seitdem kommen die Menschen viel schneller von der einen Seite der Schlucht auf die andere. Gekostet hat der Bau mehr als 130 Millionen Euro.

ANTWORT 150

Richtige Antwort: D

Bienengift soll die Haut straffen, angeblich. Genauso wie Gold. Eine Gesichtsmaske aus Gold ist natürlich ziemlich teuer. Und sie schmeckt nicht. Ganz im Gegensatz zu einer Maske aus Schokolade.

EIN ZUSATZ-RÄTSEL ZUM SCHLUSS

Zum Schluss haben wir für dich noch ein Rätsel, mit dem du dir zehn Sonderpunkte verdienen kannst. Suche im Buch nach sechs Bildsymbolen, die im folgenden Bilder-Alphabet vorkommen. Aus den sechs Buchstaben, die den gefundenen Bildern entsprechen, knobelst du dann das Lösungswort zusammen. Ein kleiner Tipp zum Lösungswort: Du findest es in diesem Buch!

Das ist das Bilder-Alphabet:

Trage hier die Lösung ein:

Lösung: HELDIN

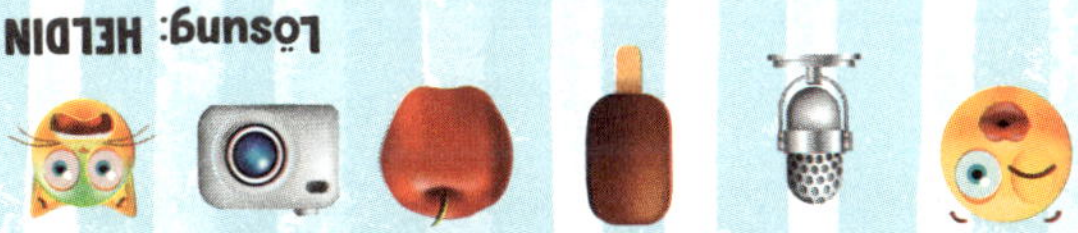

Errechne deinen QUIZHELDINNEN-LEVEL!

FÜR JEDE RICHTIGE ANTWORT GIBT ES EINEN PUNKT, FÜR DAS ZUSATZRÄTSEL 10 SONDER-PUNKTE. ZÄHLE ALLE PUNKTE ZUSAMMEN UND ERRECHNE DEINE GESAMTPUNKTZAHL.

QUIZHELDINNEN-LEVEL 1: 0–50 PUNKTE

Nicht schlecht für den Anfang. Aber Quiz-Superheldin des Universums bist du noch lange nicht. Bis dahin liegt noch ein gutes Stück Weg vor dir. Los geht's also. Immerhin ist noch keine Heldin vom Himmel gefallen, sondern im Gegenteil: Die meisten haben ziemlich hartnäckig geübt, bevor sie in einer Sache so richtig gut waren.

QUIZHELDINNEN-LEVEL 2: 51–100 PUNKTE

Alle Achtung, du kennst dich ja schon ziemlich gut aus. Bestimmt steigst du beim nächsten Knobel-Durchgang noch ein Level auf. Immerhin weißt du jetzt schon eine ganze Menge mehr als vorher

QUIZHELDINNEN-LEVEL 3: 101-150 PUNKTE

Super – du weißt schon richtig viel! Jetzt ist es nur noch ein kleiner Schritt, dann bist du die Quiz-Superheldin des Universums. Viel Spaß also bei der nächsten Knobel-Runde!

QUIZHELDINNEN-LEVEL 4: 151-160 PUNKTE

Wow! Du hast es geschafft, du gehörst zu den Besten. Gratuliere dir. Vielleicht war das dein erster Knobel-Durchgang, vielleicht hast du aber auch geübt, bevor du das Level erreicht hast. In dem Fall ist es dir ergangen wie den allermeisten Heldinnen. Mit jeder Menge Mut und Hartnäckigkeit haben sie das geschafft, was sie unbedingt erreichen wollten.

DEINE PUNKTE:

BILDNACHWEIS

stock.adobe.com: S. 1 © Good Studio (Superheldin), © JMC (gestrichelter Pfeil und Brille), ©Vector Tradition (orangene Wischer), © artbalitskiy (Reagenzglas, Blatt, Fragezeichen, Globus, Schmetterling, Blitz), ©bilaaa (Planet), S. 2 © Tayisiya (Flamingo), S. 2 © master1305 (Karate-Mädchen), S. 2 © yanatamashova (Kosmetik-Illus), S. 3 © yanatamashova (Girl-Power, Blitz), S. 3 © denis__pc (Astronautin), S. 3 © yana2607 (Katze), S. 4 © Good Studio (Superheldin) , S. 5 © LIGHTFIELD STUDIOS (Beine), S. 5 © Maria Skrigan (Panda), S. 6 © kay__mosk (Schulmaterial), S. 6 © Maroshka (Krokodil), S. 9 © ninamunha (Piratenset), S. 11 © freie-kreation (steigender Meeresspiegel/Konzept), S. 12 © Mattis Kaminer (Protestschild), S. 12 © denis__pc (Astronautin), S. 13 © aleksey (Haus auf Hühnerbeinen), S. 13 © pakpong pongatichat (Halloween-Motive), S. 14 © Константин Фёдоров (Hexe), S. 14 © pakpong pongatichat (Fledermaus), S. 15 © helen__f (Alien und anddere Weltraummotive), S. 16 © helen__f (Alien und anddere Weltraummotive), S. 17 © Ann (Einhorn-Meerjungfrau), S. 18 Taucher..., S. 19 © Maria Skrigan (Panda), S. 19 © kay__mosk (Schulmaterial), S. 19 © hpunkt__de (Spanien Nationalfarben Welle), S. 21 © efengai (Hofdame Cartoon), S. 21 © Kit8 (Mädchen mit Föhn), S. 24 © Dmitry Pichugin (Thermalquelle), S. 25 © Westwind (Wespe), S. 26 © kay__mosk (Schulmaterial), S. 27 © victorbrave (wählendes Mädchen), S. 31 © Tawesit (Mädchen mit Buch, Taube), S. 33 © Cyril PAPOT (Skulptur und Akropolis), S. 34 © kay__mosk (Schulmaterial), S. 34 © marinafrost (Vampirmund), S. 37 © Memoangeles (Tennisspieler*innen), S. 38 © marcus__hofmann (Aussicht Brocken), S. 39 © pavel1964 (Marathon), S. 39 © BergeundMeer (Giraffe), S. 40 © Rawpixel.com (Klatschende Menschen), S. 41 © Lion beAt (Hofdame 18. Jh.), S. 42 © kay__mosk (Schulmaterial), S. 42 ©Elisanth (Korsett), S. 42 © lineartestpilot (Föhn), S. 43 ©VRD (Schwein, Wiese, Schild), S. 44 ©niromaks (Ferkel), S. 46 ©Ruckszio (Pflanze), S. 47 ©denisismagilov (Junge, denkend), S. 47 ©Anthony Leopold (Richter*innenhammer), S. 48 ©kay__mosk (Schulmaterial), S. 49 ©vkilikov (Frida Kahlo), S. 50 ©kay__mosk (Schulmaterial), S. 50 ©Visual Generation (Frau, winkend), S. 51 ©robin__ph (Zauberer Icon), S. 53 ©Claudia Paulussen (Kaninchen aus Zylinder), S. 54 ©Nikolai Sorokin (Festung Klis), S. 55 ©sonsedskaya (Katze), S. 55 ©Rawpixel.com (Kinder auf der Welt), S. 57 ©adogslifephoto (Tiere), S. 57 © MarinaMays (Roboter), S. 57 ©Sonja Calovini (Kleeblatt), S. 58 ©byrdyak (Leopard), S. 60 ©kay__mosk (Schulmaterial), S. 61 ©Alphacandy (Robbe), S. 62 © moneti (Robbe mit Jungtier), S. 62 ©Monkey Business (Schulkinder), S. 63 ©Svetoslav Radkov (Insekt in Mund), S. 65 ©Kurt (Angela Merkel Cartoon), S. 67 ©bigmen (Hund), S. 70 ©Rawpixel.com (Mann auf Pferd), S. 71 ©DoraZett (Hunde), S. 73 ©blueringmedia (Mädchen in Flugzeug über Ozean), S. 73 ©master1305 (Frau, Essengewohnheiten), S. 73 ©master1305 (Frau, Essengewohnheiten), S. 74 © GraphicsRF (Tomatensaft), S. 75 ©matiasdelcarmine (Zauberin), S. 75 ©Elena Schweitzer (Prinzessin auf der Erbse), S. 77 ©Martin RICHIARDONE (Flugzeug), S. 78 ©vector__s (Online Shopping), S. 80 ©kay__mosk (Schulmaterial), S. 80 ©pusteflower9024 (Brennessel), S. 81 ©Alexandr Vasilyev (Kätzchen), S. 82 ©callipso88 (Pferde), S. 84 ©Manfred Weichselbaum (Schokolade), S. 85 ©Abeselom Zerit (Schimpanse), S. 86 ©greenpicstudio (alte Dame), S. 86 ©HitToon.com (Affe), S. 87 ©Jacob Lund (Frau mit Sonnenbrille), S. 87 ©lazyllama (Olypische Ringe), S. 88 ©kay__mosk (Schulmaterial), S. 89 ©ilyaiovenko (Samurai Frau), S. 90 ©Steve Young (Ninja), S. 90 ©Daniel Nimmervoll (Schlange), S. 91 ©Vadimsadovski (Planet), S. 92 ©Ruangdesign19 (Pferd), S. 93 ©Ancello (Pippi Langstrumpf), S. 93 © Romolo Tavani (Erde), S. 94 © jzehnder (Kohleschornsteine), S. 97 ©Rawpixel.com (Tauziehen), S. 97 © David Pimborough (Spam), S. 99 ©nicoletaionescu (Kleopatra) , S. 100 ©yiorgosgr (Esel), S. 100 ©kay__mosk (Schulmaterial), S. 101 ©angkritth (chinesisches Paar), S. 103 © Deeworxdesigns (Zeichnung Frau mit Sonnenbrille), S. 105 ©drubig-photo (Hase), S. 105 © trubavink (Surferin), S. 106 © Maria (Momo), S. 107 ©VIAR PRO studio (Wintersport), S. 107 © georgejmclittle (Computervirus), S. 108 ©kay__mosk (Schulmaterial), S. 108 ©bagira__87 (Skifahrer*innen), S. 109 ©demiurge__100 (Mädchen und Hund essen), S. 109 ©simon gurney (Pharaonenmaske), S. 111 © Javier brosch , S. 112 ©169169 (Koala), S. 113 ©Richard Carey (Schildkröte), S. 113 ©angela0982 (Einhorn im Auto) , S. 114 ©danylyukk (Fisch in Plastiktüte), S. 115 © furtseff (Dirigent), S. 116 ©orensila (Alice im Wunderland), S. 118 ©kay__mosk (Schulmaterial), S. 119 © Sonulkaster (Historische Kostüme), S. 119 © totojang1977 (Feuerwerk), S. 120 ©Archivist (Louis XIV), S. 120 © Westend61 (Handstand), S. 121 ©dbvirago (Elch), S. 121 © Chris (Schneeleopard), S. 123 ©traveldia (Alfred Nobel), S. 125 ©Steve Young (Ninja), S. 125 ©Subbotina Anna (Frau mit Sonnenbrille), S. 125 © Westwind (Wespe), S. 126 © banana87 (Rabe), S. 127 © master1305 (Karate-Mädchen), S. 127 ©Anton (Mädchen vor Fernseher) , S. 128 © Tayisiya (Yoga-Flamingo), S. 128 © Tayisiya (Flamingo), S. 129 © Sonulkaster (Historische Kostüme), S. 130 ©kay__mosk (Schulmaterial), S. 130 © JohanSwanepoel (Nashörner), S. 131 ©bennytrapp (Schlange), S. 132 ©taviphoto (Schlange), S. 133 © VitalyTitov (Hund mit Rechenschieber), S. 133 © deagreez (Händchenhalten), S. 135 ©dimdimich (Besen), S. 135 ©Nomad__Soul (Ballerina), S. 137 © Lutz Schmidt / Reuters (Junge vor altem Zuse-Computer), S. 137 © blinkblink (Olympische Spiele), S. 138 ©lazyllama (Olypische Ringe), S. 139 © hecke71 (Chinesische Mauer), S. 141 ©BernardBreton (Pinguine), S. 143 ©iridi66 (Katze), S. 143 ©ryanking999 (Frau auf Berg), S. 144 ©0711bilder (Johanna von Orleans), S. 145 © BigNazik (Schreibmaschine), S. 147 ©Nomad__Soul (Ballerina), S. 147 ©Photocreo Bednarek (Wolkenkratzer Manhattan), S. 148 ©Rastislav Sedlak SK (Dubai), S. 149 © Kerry Hargrove (Albatross), S. 149 © anaumenko (Glas mit Würfelzucker), S. 150 © tanya__pogorelova (Albatross-Cartoon), S. 151 ©willyam (Elefant), S. 151 © jomkwan7 (Hund mit Laptop), S. 152 ©Kakigori Studio (Schwimmerin), S. 153 ©eyetronic (Affe), S. 153 ©pusteflower9024 (Brennessel), S. 153 ©idemgo (Hängebrücke), S. 154 ©[illegible] González (Frau mit Gesichtsmaske), S. 154 © alunal (Brücke über Schlucht), S. 155 © treter (Symbole), S. 156 © Good Studio (Superheldin), S. 159 © Good Studio (Superheldin), Vor- und Nachsatz: © dmitrey (Kreuzmuster), Hintergründe: © Magdalena Kucova (Sternchenmuster), ©valeriya__dor (Strichmuster), ©Anne Punch (Punktmuster), © timoshenkoanna (Staubmuster), © irenemuse (Pinselstrichmuster), Dekoelemente: ©PremiumGraphicDesign (Pinselstriche und Klekse), © schakty, © kay__mosk (Icons Schule), © veekicl (Doodle-Elemente), © imogi (Comic-Elemente), © tanya (Harry-Potter-Motive) © PremiumGraphicDesign (Klekse), © artbalitskiy (Wissenschafts-Elemente), © Wondervendy (Symbole Wirtschaft), © moonkin (Icons Essen),© softulka (Trendmotive Einhorn, Herzchen, Krönchen etc.), © blankstock (Sprechblasen), © ollymolly (Sportsymbole), © ADELART (Liebes- und Romantiksymbole)

Herzlichen Glückwunsch, du bist eine Quiz-Superheldin! Schneide die Urkunde aus, hänge sie auf und feiere deinen Triumph!

URKUNDE

____

hat **150** spannende, verrückte und witzige Quizfragen gelöst und wird hiermit zur Quiz-Superheldin ernannt.